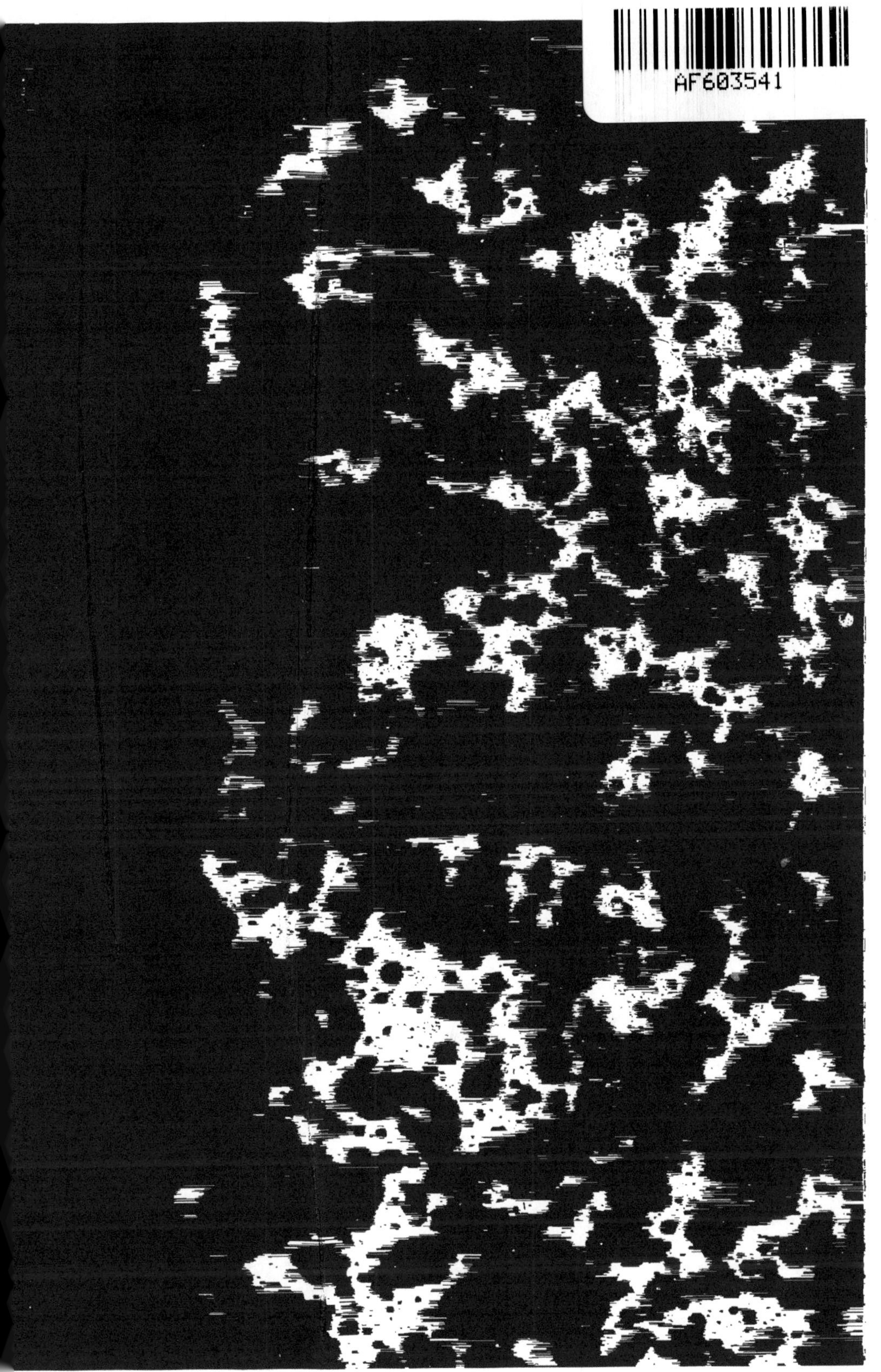

COURS

DE

LECTURE MNÉMONIQUE.

Le dépôt voulu par la loi ayant été fait, l'Auteur déclare qu'il poursuivra devant les Tribunaux quiconque mettrait en émission des exemplaires de cet ouvrage qui ne seraient pas revêtus de sa siguature et des nos. d'ordre.

DE L'IMPRIMERIE DE LEFEBVRE,

RUE DE BOURBON, N°. 11, F. S.-G.

COURS

DE

LECTURE MNÉMONIQUE,

OU

L'ART D'APPRENDRE A LIRE

ES MOTS, LES SYLLABES ET LES SONS PAR SOIXANTE-QUATRE GRAVURES, ET L'HISTOIRE DES OBJETS QUI Y SONT FIGURÉS,

A L'USAGE DU PENSIONNAT DE L'ABBAYE S.-GERMAIN;

PAR M. EUSÈBE GORGERET,

CHEVALIER DE LA LÉGION-D'HONNEUR, BACHELIER ÈS-LETTRES, CHEF D'INSTITUTION.

A PARIS,

CHEZ
- L'AUTEUR, en son Pensionnat, rue de l'Abbaye-Saint-Germain, palais Abbatial, nº. 3;
- EYMERY, Libraire, rue Mazarine;
- NYON, Libraire, place de la Monnaie;
- PINARD, Libraire, quai de Voltaire, nº. 5;
- JOHANNEAU, Libraire, rue du Coq-Saint-Honoré, nº. 8.

ET CHEZ LES PRINCIPAUX LIBRAIRES DE PARIS ET DES DÉPART.

1821.

A SA MAJESTÉ.

SIRE,

Après avoir consacré une partie de ma vie à la défense de ma patrie, il ne m'est resté de mes services militaires que la croix de la Légion d'Honneur. Sans fortune, sans solde, sans retraite, forcé de me servir de mes études antérieures pour soutenir mon existence par tout autre moyen que ceux des armes, je me livrai à l'instruction publique, et me consacrai entièrement à l'éducation de la jeunesse. Résolu de faire mes efforts pour aplanir toutes les difficultés si multipliées dans toutes les parties de l'instruction, je commençai par la lecture, art jusqu'à ce jour considéré comme le plus difficile de tous les arts, soit à enseigner, soit à apprendre.

Dans toutes les écoles, il fallait au moins trois ans à l'enfant, même le plus studieux, pour savoir lire passablement, et encore très-peu y parvenaient-ils!

Des recherches longues et pénibles m'amenèrent à découvrir une méthode claire et facile, au moyen de laquelle j'enseigne la lecture aux enfans au-dessus de cinq ans en moins de trois mois, et aux adultes en vingt leçons. Par ma méthode, l'art de la lecture n'est plus qu'un art d'agrément, puisque, par une suite continuelle de récréations, je parviens à des résultats aussi avantageux. C'est dans une série de soixante-quatre gravures, dans les noms imprimés sous chacune d'elles, et dans l'histoire des objets qui y sont figurés, que consiste toute ma méthode.

La faveur que Votre Majesté, Sire, *daigne me faire, en acceptant la dédicace de mon* Cours de Lecture Mnémonique, *a pénétré mon âme de la plus vive reconnaissance; je me trouve récompensé au-delà de mes espérances, de mon dévouement à la jeunesse, de mes efforts pour l'instruire et l'élever dans les principes de religion, de morale et d'amour pour* Votre Majesté. *Tel est, tel fut toujours le but de mes travaux, et l'honneur que j'obtiens aujourd'hui est pour moi un nouvel engagement d'y persévérer.*

En acceptant la dédicace de mon Cours de Lecture Mnémonique, *vous séchez,* Sire, *de votre main protectrice, les larmes des malheureux enfans obligés de s'instruire jusqu'à ce jour en sens inverse de la marche indiquée par la nature. Vous allégez les peines des maîtres, vous comblez de joie les parens; l'ouvrier et l'artisan pourront jouir de bonne heure des labeurs de leurs enfans, et ils devront à* Votre Majesté *une reconnaissance éternelle de la puissante protection dont vous honorez ma méthode.*

Je suis, de Votre Majesté,

Sire,

Le plus humble et le plus soumis de vos sujets,

Le Chevalier EUSEBE GORGERET,
Chef d'Institution,
rue de l'Abbaye St.-Germain, n°. 3.

AVANT-PROPOS.

Avant d'entreprendre cet ouvrage, je ne me suis point dissimulé toutes les difficultés que je devais rencontrer dans un travail aussi difficile, aussi épineux, aussi considérable; j'ai mal présumé de mes forces; je n'ai mis la main à l'œuvre qu'en tremblant, surtout considérant que j'allais me trouver en opposition avec des hommes d'une réputation justement méritée.

Espérant trouver de l'indulgence auprès de mes lecteurs, ainsi qu'auprès des personnes qui voudraient mettre en pratique mes faibles essais; fort ensuite de l'expérience heureuse que j'avais faite, et que je fais tous les jours avec tant d'avantages, tant de succès, sur mes nombreux élèves; entraîné par les témoignages flatteurs des parens; excité par le plaisir que je vois prendre à mes élèves en s'instruisant par ma nouvelle méthode; enfin, sollicité par les uns et les autres, je me suis décidé à rédiger cet ouvrage, et à le livrer à l'impression.

Heureux si je puis fournir à la jeunesse des moyens sûrs, faciles et agréables de s'instruire dans l'art de la lecture, art jusqu'à ce jour si difficile à enseigner pour les maîtres, si ennuyeux et si abstrait à apprendre pour les élèves! heureux, dis-je, si je puis, en faisant adopter ma nouvelle et utile découverte, essuyer les larmes des malheureux enfans obligés de s'instruire dans la lecture par des méthodes créées en sens inverse de la marche naturelle, ainsi que j'espère le démontrer !

Ce cours de lecture sera divisé en quatre parties. Dans la première, je tâcherai de prouver les avantages de ma nouvelle méthode ; je ferai sentir combien il était difficile d'apprendre à lire par les anciennes ; je donnerai une analyse critique des ouvrages qui ont traité la même matière que moi ; je démontrerai l'absurdité de l'épellation ; je prouverai combien a été vicieuse la division des mots en syllabes ; je décrirai la manière de se servir de ma méthode : viendront ensuite soixante-quatre dessins d'animaux les plus remarquables. Sous chaque dessin sera imprimé trois fois le nom de la chose représentée ; la première en caractères d'écriture cursive, les deux autres en caractères d'impression ; derrière chaque dessin sera pareillement imprimé trois fois le nom de chaque animal représenté.

La deuxième partie contiendra la description abrégée des soixante-quatre animaux. Au haut de chacune sera le dessin de l'animal. L'histoire des dix premiers animaux sera écrite trois fois : la première en articulations, la deuxième en syllabes, suivant ma nouvelle division, et la troisième en mots entiers. L'histoire des dix autres animaux sera imprimée deux fois : la première en syllabes, et la deuxième en mots entiers ; enfin, l'histoire des quarante-quatre autres ne sera écrite qu'une fois et en mots entiers.

La troisième partie contiendra un nouveau syllabaire, et sa comparaison avec l'ancien.

La quatrième partie sera ornée des dessins nécessaires, au moyen desquels j'espère aplanir toutes les difficultés dont notre langue est hérissée, soit dans la prononciation, soit dans l'ortographe d'usage.

Mon cours de lecture pourra être employé avantageusement, soit dans l'instruction individuelle, soit dans l'instruction simultanée, soit dans celle d'un grand nombre d'élèves; il sera utile tant aux maîtres qu'aux pères et mères qui voudraient se charger de la première éducation de leurs enfans. Ma méthode est très-facile à concevoir et à enseigner. Ce livre servira de délassemens aux pères qui, quittant le tracas des affaires, viendront pour jouir des loisirs de la campagne au sein de leur famille. La curiosité de l'enfant sera piquée à la vue des figures; il voudra toujours avoir cet ouvrage dans les mains : ce sera par la suite une grande punition pour lui, que de ne pas le laisser à sa disposition; il voudra le posséder nuit et jour; il le considérera comme l'objet le plus propre à le récréer.

Cet ouvrage pourra encore être employé utilement pour montrer la lecture et l'écriture aux sourds et muets. J'ose me flatter de les leur enseigner en peu de temps, surtout si j'étais aidé de leur estimable instituteur. Pour leur apprendre à lire et à écrire, il n'y aurait plus besoin du langage des signes; ce langage ne serait plus nécessaire que pour les mettre à même de répondre soit par signes, soit par écrit aux questions qui leur seraient faites. Les signes seraient toujours utiles et nécessaires pour mettre les sourds et muets en rapport entre eux, et pour leur faire tenir une conversation muette ; mais, pour écrire une lettre ou transmettre leurs idées par écrit, lire dans tous les livres, ma méthode, sans signes, est plus que suffisante.

On se convaincra du précieux avantage qu'a ma méthode d'instruire l'élève dans la connaissance de l'histoire des animaux, en même temps que dans l'ortographe d'usage ; on s'apercevra que l'oreille bien formée aux sons et aux articulations, que la vue exercée sur les caractères qui les représentent donneront une facilité extraordinaire à l'élève pour écrire sous la dictée ; il ne fera jamais de fautes contraires aux sons, et en fera peu dans l'ortographe d'usage. Avec quelque soin, la connaissance des règles de la grammaire de notre langue lui deviendra facile ; il n'apportera plus dans ses études l'ennui du travail, puisqu'il n'aura point été rebuté dès les premiers pas qu'il aura fait vers l'instruction, puisque ce qu'il saura, il l'aura appris dans une suite continuelle de récréations qu'il aura trouvées sans doute trop courtes ; il apportera, au contraire, l'amour de l'étude, le désir ardent de s'instruire ; il aura su fixer son attention à ce qui lui sera enseigné ; l'émulation sera chez lui comme une nouvelle nature liée à son existence, et qui en sera inséparable.

PLAN ET EXPLICATION

DE LA

NOUVELLE MÉTHODE DE LECTURE.

J'ai suivi de près mes élèves ; je me suis convaincu que les anciennes méthodes de lecture, bien loin de leur inspirer l'amour de l'étude ou le désir de s'instruire, n'étaient propres qu'à les dégoûter, qu'à les rebuter; que c'était la raison pour laquelle les élèves ne peuvent et ne pouvaient apprendre à lire qu'après trois ou quatre ans d'instruction; que beaucoup de personnes n'avaient jamais pu apprendre à lire; et enfin, que les enfans n'entraient dans les classes qu'en y apportant l'horreur de l'étude.

En effet, comment vouloir qu'un enfant, et même une grande personne, puisse apprendre avec goût et plaisir la connaissance des lettres, ensuite celle des tableaux de *ba*, *be*, *bé*, *bè*, *bê*, *bo*, *bu* ; *ca*, *ce*, *ci*, *co*, *cu*, etc; ceux de *blu*, *bli*, etc.; *stra*, *stre*, *stri*, *stro*, *stru* ?

La plupart des hommes parlent sans connaître comment les mots sont composés, sans connaître même la division des mots entr'eux; beaucoup aussi, sur des questions qui leur seraient faites, répondraient, par exemple, qu'une phrase est composée de dix mots, quoiqu'elle ne le fût que de six ; ou qu'une phrase aurait six mots, quoiqu'elle en eût dix : puisqu'il en est ainsi, ces mêmes personnes ne pourraient analyser chaque mot, c'est-à-dire, en démontrer la décomposition; à plus forte raison, ne pourraient-ils les composer. Puisqu'ils ne connaissent pas l'entier, ils ne peuvent trouver les parties qui le composent, encore moins le composer : il faut donc une étude longue, appliquée, pour connaître la division des mots entr'eux, ainsi que leur décomposition, et surtout la composition. Cependant, les hommes lettrés ou non lettrés, parlant la même langue, se comprennent fort bien, quoiqu'ayant reçu une éducation différente.

Celui qui n'est pas lettré divise très-bien ses mots dans la prononciation par l'habitude de parler, quoiqu'il ne puisse expliquer cette division. Il faut, pour y parvenir, non-seulement savoir bien lire, mais connaître tout au moins l'orthographe d'usage, parce que ce n'est que par la lecture et l'orthographe bien enseignées que nous pouvons parvenir à connaître la division ou séparation des mots dans le discours et dans l'écriture, ainsi que leur décomposition et composition.

J'ai pensé qu'il était possible de trouver un moyen sûr d'enseigner l'art de la lecture, et qu'au lieu de dire, comme M. Duclos et beaucoup d'autres : « Celui-là sait le plus difficile de tous les arts, qui sait lire, » j'espère qu'on dira désormais avec moi que l'art de lire est le plus facile de tous les arts, le plus agréable, le plus récréatif.

Je me suis fait la question suivante : En quoi consiste l'art de la lecture ? Il consiste, me suis-je dit, à classer dans la mémoire, et immuablement, toutes les syllabes et tous les sons articulés, de manière à les reconnaître, les distinguer et les prononcer dans tous les mots dont il font partie : il s'agit donc de trouver des moyens simples, récréatifs, et les plus prompts pour parvenir à ce but. Trouvons une bonne mnémonique pour la lecture, l'on n'éprouvera plus de difficultés dans l'enseignement de cet art ; si nous nous procurons les moyens de fixer promptement et agréablement la mémoire sur tout ce qui compose la généralité des mots, apprendre à lire ne serait plus qu'un jeu. Voyons laquelle des méthodes connues ou de ma nouvelle méthode a atteint le but ou en a le plus approché.

J'ai pensé, dis-je, qu'il était possible de trouver des moyens sûrs, agréables et expéditifs pour enseigner l'art de lire aux enfans comme aux grandes personnes ; je me suis dit ensuite : suivons la marche qui nous est tracée par la nature ; allons du composé au simple, c'est-à-dire, du mot écrit à sa lecture, et non du simple au composé ; faisons donc connaître à mes élèves les objets physiquement ou tels qu'ils existent, avant de leur enseigner, ou avant d'analyser les parties qui composent ces mêmes objets. Tout ce que nous voyons dans la nature est composé, rien n'est simple ; nous ne pouvons à la première vue percevoir une chose quelconque que dans son entier, et non pas dans ses parties ; il faut certainement connaître l'objet physiquement avant de chercher à en connaître ses parties ; et il faut avoir procédé ensuite à une scrupuleuse analyse pour pouvoir recomposer. Une étude toute particulière est plus que nécessaire pour en venir à la connaissance des parties qui composent un tout : il est très-difficile de l'acquérir, dans tous les genres ; et nous ne l'aurons jamais qu'avec des dificultés inconcevables, presque insurmontables, s'il nous faut étudier les élémens de plusieurs touts, pour ensuite les choisir, pour former un entier dont nous avons besoin, et duquel nous n'avons jamais connu la décomposition. Avec tous les élémens imaginables, nous ne pourrions former un tout dont nous n'avons pas même l'idée ; nous ne formerions qu'un objet de hasard, dont les propriétés nous seraient inconnues, ou seraient toutes autres que celles que nous cherchions.

En chimie, nous procédons de la chose physique à ses parties, c'est-à-dire, de la chose composée à ses élémens ; nous partons, comme en mathématiques, du connu pour arriver facilement à l'inconnu ; le raisonnement mathématique conduit à des résultats certains : on est sûr de ne point se tromper, comme on est certain de n'induire personne en erreur, toutes les fois qu'on l'emploie de bonne foi.

L'eau et l'air passaient, il y a peu de temps, pour être des corps simples, des élémens : ils sont au contraire composés, et très-composés.

Pour former l'air vital, il a fallu nécessairement l'avoir

décomposé, en connaître la décomposition ; ou connaître ce qui le compose. On ne peut donc acquérir ces connaissances que par une suite d'expériences nombreuses ; et, pour y parvenir, essayer divers agens, diverses substances qui puissent combattre les forces d'adhésion, de cohésion, d'agrégation qui existent entre les molécules des élémens de l'air. Ce n'est qu'en tâtonnant que l'on a pu parvenir à cette découverte. On a reconnu dans l'air deux gaz, l'azote et l'oxigène ; on a reconnu que l'azote était en proportion de quatre cinquièmes, et l'oxigène d'un cinquième ; que l'air contenait, en outre, suivant les lieux où l'on faisait l'expérience, plus ou moins d'acide carbonique, plus ou moins d'hydrogène carburé, etc. Pour faire la preuve mathématique de cette expérience, on a mis en contact les deux élémens, azote et oxigène : l'air vital a été recomposé. On s'est ensuite convaincu, 1°. que, de quelque manière que l'on se procurât l'azote et l'oxigène, l'on pouvait former l'air vital, pourvu que l'on employât quatre cinquièmes d'azote et un cinquième d'oxigène ; que, lorsque la proportion d'azote était de moins en moins considérable, et que, par suite, celle de l'oxigène l'était de plus en plus, au lieu de former l'air vital pur, on formait de l'acide nitrique de plus en plus concentré ; que cet air n'était plus respirable, corrodait, détruisait tout ce qu'il approchait. On sait que l'oxigène en contact avec le fer, au moyen d'un corps incandescent, dissout ce métal, en produisant une grande lumière et du calorique ; que le diamant est aussi carbonisé par le même moyen. On s'est aperçu que l'air était plus ou moins dangereux, enfin mortel, quand l'azote était dans l'air en plus grande quantité que des quatre cinquièmes, comme, par exemple, deux tiers, trois quarts, etc.

On ne peut parvenir, comme on le voit, en chimie, à composer un corps quelconque, que lorsqu'on en connaît parfaitement la décomposition : la décomposition est très-difficile ; mais la composition est impossible, si l'on ne connaît parfaitement la décomposition : ce serait chercher la pierre philosophale, que de vouloir composer un corps que l'on ne saurait décomposer, ou dont on ne connaîtrait pas la décomposition.

Quel temps n'emploierions-nous pas pour parvenir à la connaissance d'une montre, si un horloger nous montrait une grande quantité de pièces propres à former divers objets mécaniques ; s'il nous instruisait des noms de chacune d'elles ; s'il nous apprenait à les fabriquer une à une ; s'il nous disait que, suivant leur dimension, leur force, elles peuvent être employées dans tous les arts mécaniques, et former divers objets ; ensuite, si, après avoir choisi toutes les pièces nécessaires pour former une montre, il les ajustait et nous enseignait à les ajuster deux à deux, trois à trois, en donnant un nom à chacune de ces compositions ou divisions qui doivent composer la montre ; enfin, s'il liait ensemble toutes ces divisions, qu'il en formât un tout, et qu'il nous dît : ce tout forme un petit meuble que nous nommons montre : c'est au moyen de ce meuble que nous savons nous rendre compte avec justesse de la division d'un jour, d'une nuit, d'une heure, etc. ?

Si un horloger, ayant démonté une montre, n'avait point mis les pièces dans l'ordre de décomposition, venait nous dire : voilà les parties qui, réunies ensemble, formaient une montre, elles y sont toutes, formez-la, il serait de toute impossibilté que cette montre pût être remontée par celui qui n'en connaîtrait pas parfaitement la décomposition.

Quel homme que ce soit, sans être aidé d'un horloger, décomposera ou démontera une montre ; il la composera ensuite assez facilement, s'il a eu soin de mettre de l'ordre dans sa décomposition ; c'est-à-dire, s'il a eu soin de placer chacune des pièces dans l'ordre de décomposition. Quand il sera parvenu à démonter une montre avec ordre, et à plusieurs reprises, et quand il l'aura remontée, il lui sera facile, dans la suite, de monter ou composer une montre, quoiqu'il n'observât aucun ordre dans la décomposition ; cela lui sera facile ; parce que, par l'habitude, il aura fixé dans son imagination, 1°. l'ensemble de la montre ; 2°. comment doivent être liées les divisions entre elles pour former le tout ; 3°. la formation de chaque division ; enfin, l'idée de la structure de chaque pièce. Ainsi donc, si notre horloger veut nous enseigner d'abord à fabriquer une à une toutes les parties qui doivent constituer une montre, s'il veut nous apprendre le nom de chaque pièce, celui de chaque division, il nous faudrait plusieurs années pour avoir la connaissance de la montre ; tandis, qu'en partant de la décomposition pour en venir à la recomposition, nous n'emploierions pas un quart d'heure pour connaître la construction de cet objet.

Eh bien! tout ce que je viens de dire se pratique cependant pour la lecture ; on part de l'analyse pour en venir à la synthèse. Avant de lire un mot quelconque, on était obligé, comme on l'est encore, de passer plus de trois ans sur les bancs des écoles, et encore très-peu parvenaient-ils à être instruits dans la lecture! on allait donc contre les règles de la saine logique, contre ce que nous enseignons en mathématiques ; on marchait de l'inconnu au connu ; on faisait apprendre une à une toutes les parties qui devaient constituer la généralité des mots, ou qui devaient un jour être employées par l'élève pour les former, sans en apprendre sur-le-champ leur emploi ; il fallait que l'enfant, avant de savoir lire le mot le plus aisé, connût la combinaison, par épellation, ou par lettres, de toutes les syllabes les plus difficiles qui devaient être par lui employées par la suite à la formation de tous les mots, sans avoir même l'idée de leur structure ; il fallait lui fatiguer la mémoire des objets les plus abstraits, les plus insignifians, des noms les plus ridicules donnés aux caractères ou lettres ; il fallait enfin lui fatiguer la mémoire d'une infinité de syllabes inutiles, dont une grande partie n'a jamais servi à composer aucun mot ; et tout cela, avant de lui en faire lire un seul qui signifiât quelque chose ; avant de lui faire lire une phrase qui eût un sens, et qui le reposât de ses fatigues.

En lecture, la décomposition des mots est beaucoup plus facile que celle des corps pour la chimie ; il est encore plus facile de décomposer un mot que de démonter une montre, ou tout objet d'arts et métiers. Cependant, il faudrait plus de temps pour apprendre à construire un mot, à le lire par les anciennes méthodes, qu'il nous en faudrait pour monter une montre, quoique ne connaissant de cet objet que les élémens; sans maître, on parviendrait en peu de jours à remonter une montre; mais avec les élémens des mots, nous ne pourrions jamais composer un mot, bien moins le lire, sans maître, et encore aidé de ce dernier, qu'après plusieurs années de travail, parce que, pour avoir l'idée d'un mot quelconque, il fallait connaître les divisions de ce mot ou syllabes, il fallait connaître les sons articulés et non articulés, et savoir les prononcer; il fallait enfin distinguer les articulations. Nous monterions pareillement, sans être aidé, une commode, un lit, etc.... ayant en main toutes les pièces qui les composent; nous les monterions ou composerions facilement, parce que nous aurions eu primitivement l'idée de ces objets.

Il est plus facile de décomposer un mot que tout autre objet, parce que, quoique les parties qui composent les mots soient réunies, nous les distinguons facilement une à une : elles sont écrites ou imprimées à une certaine distance les unes des autres; nous pouvons, quand les caractères sont mobiles, comme en typographie, nous pouvons, dis-je, les rapprocher, les éloigner à volonté : nous produirons toujours le même mot, si nous n'intervertissons pas l'ordre de composition. L'enfant, aidé d'un maître, décomposera facilement un mot, le lira soit en entier soit dans ses parties; car, les sens de la vue, de l'oreille, du toucher se prêteront une mutuelle assistance : il faudra deux minutes pour enseigner et apprendre à lire et prononcer le mot, pour distinguer et prononcer les sons et les articulations qui composent ce même mot. Cette manière de lire sera facile et agréable; en peu de temps, on sera familiarisé dans la connaissance de tout ce qui compose ce mot; mais si, pour enseigner ou apprendre à lire, on commence par les parties, sans connaître le tout, l'on se crée des difficultés presque insurmontables, et on ne parvient à la composition ou lecture des mots qu'après de longs et ennuyeux travaux, qui accablent les élèves, leur ôtent toute attention, toute émulation, et les dégoûtent entièrement de l'étude.

Toutes ces réflexions m'ont amené à me faire les questions suivantes; je me suis dit: quand on apprend à parler à un enfant dans la plus tendre jeunesse, lui enseigne-t-on la prononciation ou la connaissance mentale des parties des mots? Non, sans doute.

Que lui apprend-on donc? Des mots entiers qui ont un sens, qui ont une valeur agréable pour lui, et qui sont suivis d'une action, de notre part, qui lui désigne la chose que nous lui nommons. Lui offrons-nous un biscuit ou toute autre chose? Nous le lui nommons en le lui donnant: l'enfant apprend, par ce moyen, facilement à parler, et en peu de temps. Il donne non-seulement seul les noms à tous les objets qui lui ont plu, desquels il a fait sa nourriture, mais encore il parvient à lier plusieurs idées ensemble: par exemple, l'objet et sa qualité; il forme de ces deux idées un jugement, et tient bientôt une petite conversation.

Si nous apprenons ainsi à parler, et en peu de temps, à un enfant qui, pour ainsi dire, n'a éprouvé encore aucune sensation, pourquoi, par la même raison, n'apprendrions-nous pas à lire, et par les mêmes moyens, à un enfant qui est déjà développé, dont l'entendement s'est fait jour au travers du voile épais qui lui cachait son existence et toutes les beautés de la nature? Suivons les mêmes moyens, me disais-je, et nous arriverons sûrement et heureusement, sans doute, à apprendre à un enfant et à toute autre personne à lire avec plaisir; nous leur ferons de cet art un besoin naturel qu'ils chercheront à satisfaire comme tous les autres besoins nécessaires à leur existence.

L'Être suprême a donné à l'homme de l'intelligence, du sentiment, de la réflexion; il l'a aussi doué de la parole, c'est-à-dire, il l'a comblé du précieux avantage d'exprimer sa pensée, ses sentimens, ses désirs, ses sensations bonnes ou mauvaises, enfin ses passions par le moyen de la voix. Mais, avant d'en venir à ce point de perfection, avant de s'entendre entre eux par la conversation, nos premiers pères ont commencé, sans nul doute, par les signes qui exprimaient leurs désirs, leurs volontés; par des dessins, lorsque les signes n'étaient pas suffisans pour se faire entendre : tous ces signes n'ont pu avoir de sens pour eux que suivis des actions portées sur des objets physiques, soit animés, soit inanimés, accompagnés des sons de voix, des expressions de physionomie.

Tout jusqu'alors ne parlait qu'aux yeux, puisque les sons de voix n'étant point articulés ou modulés par les articulations, ne produisaient à l'oreille qu'un bruit sans signification; donc, nos premiers pères furent, dès le principe, comme les sourds et muets (1); ils ne pouvaient d'abord parvenir à s'entendre que par les signes du corps, que par des dessins représentant les objets qui étaient en action dans l'imagination. Leurs immortels instituteurs, pour apprendre aux sourds et muets ce que c'est qu'un chapeau, et les instruire dans les moyens de le désigner, ont commencé, sans nul doute, par dessiner cet objet; ils ont fait à leurs élèves, en leur en montrant le dessin, tous les signes propres à désigner ce chapeau; ils leur ont fait connaître dans peu de temps la chose physique. Leurs élèves, ayant habitué leurs yeux aux dessins, aux signes désignant un chapeau, ont gravé à jamais dans leur imagination le chapeau, le dessin du chapeau et les signes, de manière à ne plus se tromper toutes les fois qu'on les reproduiraient à leurs yeux; et, d'après le signe, ils devaient dessiner de suite le chapeau.

Il en a été de même pour leur donner connaissance de tous

(1) Il n'y a point de sourds et muets de naissance, il n'y a que des sourds, et ces sourds ne sont pas muets; s'ils ne parlent pas, c'est parce qu'ils ne peuvent s'entendre parler; et si l'on pouvait parvenir à rendre au sourd de naissance le sens de l'ouïe, l'on se convaincrait bientôt qu'il n'était pas muet.

2

les objets physiques. Parvenus à ce point, il n'y eut qu'à inventer d'autres signes pour désigner l'usage des objets : on parvint donc à converser d'abord par dessins et par signes, et ensuite, étant plus avancés, par signes seulement.

Nos premiers pères ont procédé sans doute, dès le principe, comme les sourds et muets de l'immortel abbé de l'Epée et de son immortel successeur ; mais ils n'avaient pas le bonheur d'avoir, pour diriger leurs premiers pas, de tels instituteurs ; ils s'instruisaient les uns par les autres : le plus intelligent de tous devenait le maître ; celui qui avait le plus de capacité après lui était le sous-maître ; d'autres, qui suivaient ce dernier pas à pas, étaient les répétiteurs particuliers ; les élèves devenaient ensuite à leur tour des répétiteurs particuliers, des sous-maîtres, enfin des maîtres : le désir du savoir a donc existé aussitôt que plusieurs hommes se sont réunis entre eux, et ont été forcés de s'instruire pour s'entendre ou pour communiquer facilement ensemble. Les premiers hommes avaient le sens de l'ouïe de plus que les sourds et muets ; ils pouvaient plus aisément communiquer entre eux ; le sens de l'ouïe leur servait de boussole ; car si les sourds et muets ne parlent pas, c'est parce que pour parler il faut non-seulement se faire entendre aux autres, mais encore s'entendre parler soi-même ; car tout se fait dans la nature par imitation : les sourds de naissance ne peuvent donc pas parler ; parleraient-ils, que leurs camarades ne pourraient les entendre ; encore moins les comprendre ; ils ne peuvent donc communiquer entre eux que par écrit et par signes.

M. l'abbé Sicard est parvenu cependant à faire lire à haute voix un sourd de naissance, mais avec une monotonie rebutante ; il lisait toujours sur le même ton, parce que, ne s'entendant pas parler, il ne pouvait donner de la flexibilité à sa voix. Cependant, que d'éloges ne doit-on pas à ce respectable maître ! que de patience, que de soins pour parvenir à des résultats aussi extraordinaires !

L'habitude des sons pour l'homme entendant, et son intelligence produisirent l'heureuse idée de donner des noms aux objets physiques ; les hommes qui se voyaient journellement, qui habitaient les mêmes lieux, par conformité d'habitude et de langage, pressés surtout par l'avantage de s'entendre entre eux autrement que par des dessins et par des signes, convinrent de donner les mêmes noms aux mêmes objets, en se servant toujours des dessins et des signes que le nom accompagnait. Parvenu à s'entendre sur les noms donnés aux objets physiques ou matériels, le premier pas et le plus difficile étant fait, par une convention unanime et nécessaire, on exprima par un mot invariable la qualité déterminée d'un objet, son attribut ; pour marquer ensuite leur influence et leurs diverses opérations, on convint aussi unanimement d'autres mots qui exprimeraient l'existence, l'action et la passion des êtres de toute espèce, pour modifier les diverses qualités, les diverses actions, les diverses manières de posséder, les diverses manières d'être ; enfin, pour modifier les diverses passions, on inventa et on fut d'accord des mots qui devaient les désigner ; pour marquer le rapport que les choses ont entre elles, et fixer l'idée de l'une par celles de l'autre, on forma de nouveaux mots, on en créa d'autres pour éviter la répétition des noms : ces mots furent inventés de manière à représenter parfaitement les objets que l'on ne voulait pas répéter ; on fut encore d'accord pour d'autres qui serviraient à lier plusieurs choses ayant quelques rapports entre elles, ou à lier plusieurs attributs d'une chose quelconque ; enfin, on inventa d'autres mots pour peindre les différens mouvemens de l'âme.

Comme on le voit par ce que je viens de dire, on est parvenu à s'entendre en allant du physique au métaphysique, de la synthèse à l'analyse : si le langage a été différent, on ne doit pas en être étonné, la situation des lieux, les climats, l'influence des personnes les unes sur les autres, les rencontres, les objets divers, les habitudes, ont dû nécessairement opérer divers langages.

Dans les Etats les mieux civilisés, chaque province a son

langage, son accent; il est des patois qui sont aussi difficiles à concevoir qu'une langue étrangère : par exemple, en France le patois de l'Auvergne, celui de Valence en Dauphiné, le Provençal, etc., etc., sont compris difficilement par les habitans des autres départemens.

Quand on fut parvenu à exprimer ses idées, toutes ses sensations par le moyen de la voix, c'est-à-dire à parler, on sentit le besoin de communiquer à une distance quelconque entre personnes du même langage. Pour y parvenir, on a certainement commencé par dessiner, par tracer divers objets dont les situations étaient analogues à ce que l'on aurait exprimé par la parole, si on eût été près des personnes avec qui on avait à communiquer. Le dessin, d'après tout ce que nous avons dit, a certainement commencé avant l'écriture; avec un dessin on désignait une pensée toute entière, plusieurs phrases, enfin même l'histoire d'un jour, d'une année, de plusieurs années, etc. Quoiqu'on cherchât sans doute à exceller dans ces sortes de dessins, l'esprit de l'homme ne fut pas satisfait; cette manière de communiquer était trop longue, elle demandait trop de soins, trop de travail; il fallait donc découvrir quelque chose de plus expéditif, il fallait trouver les moyens de représenter, d'une manière intelligible, les noms propres, les noms d'objets, enfin les sons, les articulations; il était difficile d'arriver à cette perfection sans tâtonner long-temps. On commença certainement par les mots ou noms donnés aux objets physiques, on commença à s'entendre pour l'écriture, comme on l'avait primitivement fait pour s'apprendre à parler; avant d'en venir à l'analyse du mot parlé, on désigna ce mot par un signe quelconque; pour mieux se comprendre et se faire entendre, on traça sans nul doute un signe de convention sous chaque dessin, représentant un objet physique, représentant surtout des animaux ou des objets d'un usage journalier. Ce signe, différemment construit, signifiait le nom de ce que représentait chaque dessin; c'est-à-dire que, sous le dessin de chaque objet physique, on convint que tel ou tel trait le désignerait. Prenons pour comparaison des mots de notre langue, supposons que la langue française fût une langue primitive. On dessina, par exemple, un mouton, on traça sous ce mouton un signe de convention pour désigner le mot *mouton*, afin d'éviter les longueurs d'un dessin; ce signe, connu et gravé dans notre mémoire, sans être accompagné du dessin, devoit alors désigner immuablement le nom *mouton*; on en fit autant pour les noms de tous les autres objets physiques; on ne fut pas encore satisfait d'avoir désigné, par des signes tracés ou écrits, les noms des objets physiques; on entendait, par exemple, dans la prononciation deux divisions dans le mot *mouton* : on voulut, par certains traits, distinguer ces deux divisions. Parvenus à faire cette distinction et à la faire comprendre, surtout traçant ces deux signes sous la figure du mouton, on désira encore quelque chose : on avait déjà analysé ou divisé en deux parties le mot *mouton*, on examina si l'on ne pouvait pas encore trouver quelques divisions dans chacune des deux parties du mot analysé; on trouva deux sons naturels pleins, qui étaient placés seuls, ou sonnaient seuls dans la langue parlée dans beaucoup de mots de la conversation; on avait donc trouvé dans le mot *mouton* deux divisions, et dans chacune de ces divisions un son; on désigna ces deux sons par des traits de convention : chacun de ces traits, placés sous quel dessin que ce fût, devaient immuablement signifier chaque son qu'ils avaient représentés sous mouton; il manquait encore quelque chose : on avait bien *mouton*, mou-ton, on avait encore *ou* et *on* que l'on regarda alors avec raison, chacun comme un son simple; mais on n'avait pas encore trouvé à représenter l'articulation de *m-ou t-on*; on imagina un signe pour l'articulation *m*, et un autre pour l'articulation *t*; mais on se garda bien de donner un nom à chacune de ces deux articulations, car si l'on eût donné alors ce nom, l'on n'aurait pu retrouver le mot *mouton* dans la prononciation, on aurait prononcé *emmeoutéoenne* ou tout autre mot aussi ridicule, suivant le nom donné à chaque articulation; on se contenta de les remarquer chacune par un trait distinct. De cette manière, sous le dessin du *mou-*

ton furent encore tracés les signes représentant les articulations *m* et *t*. On eut donc alors la connaissance du mot entier *mouton*, des syllables *mou-ton*, et des articulations *m* et *t*, *m-ou-t-on*, outre les sons *ou*, *on*, que l'on crut alors simples, et qui le sont en effet dans la prononciation. Aujourd'hui que nous sommes convenus dans notre langue qu'il faut deux caractères pour former le son *ou*, quel nom que ce soit que nous donnions à ces deux caractères (qui, séparés et dans divers mots, forment chacun un son) nous ne pouvions former *ou* dans la prononciation, sans mentir à l'oreille de celui que nous enseignions ; il est donc plus simple et plus naturel de dire à un élève : ces deux caractères forment le son *ou* ; partout où tu les verras réunis dans la langue française, tu prononceras *ou* ; car, *o*, *u*, que l'on désunit en enseignant à lire par l'épellation, forment chacun un son que l'on ne peut unir dans la prononciation sans mentir à l'oreille ; l'élève est plus disposé, en voyant ces deux lettres, de dire chaque son séparé *o*, *u*, que de prononcer *ou* d'une seule énonciation de voix, parce que la chose n'est pas pour lui naturelle.

En divisant suivant l'oreille les mots et les articulations, on parvint à avoir les voyelles ou sons simples, ainsi que les sons composés, enfin on distingua les articulations. Il est à remarquer que l'on demeurera long-temps avant de donner un nom à ce qui représentait l'articulation simple, double, etc., sans quoi on n'aurait pu s'entendre. On chercha, par des traits de convention, à représenter tous les sons simples, doubles et articulations ; on alla nécessairement de la synthèse à l'analyse, puisque l'on connaissait l'objet physique, le nom de cet objet dans le langage, et qu'il a fallu d'abord désigner par des traits le nom en entier de ce qui était représenté par le dessin.

Il s'agissait de faire la distinction des sons composés de ceux qui ne l'étaient pas, ainsi que celle des articulations composées des articulations simples. Pour le mot *âne*, par exemple, on s'aperçut d'abord, dans la prononciation, qu'il était divisé en deux parties, *â-ne*, qu'*â* était un son, et formait la première division du mot; que *ne* était composé, puisque *e* se prononçait seul, quoique presque sans se faire sentir; on reconnut qu'il y avait une articulation, en ce que le son *e* sonnait différemment quand il était précédé de toute autre articulation. On voyait donc que *ne* n'était point un son, mais un son articulé, composé d'une articulation et d'un son. Peu à peu on vint à découvrir et à distinguer tous les sons et toutes les articulations; l'oreille et le goût plus exercés, on parvint à écrire et à lire ce que l'on avait écrit sous des dessins analogues, représentant des objets physiques; mais, pour apprendre à les tracer suivant la prononciation, et à lire ce que l'on avait écrit, on fut obligé d'en venir du mot entier à la syllabe, et de la syllabe à l'articulation, toujours sans nommer les articulations; au contraire, on fut d'accord avec raison que les articulations ou consonnes ne produiraient aucuns sons qu'unis à des voyelles ou caractères qui exprimeraient seuls un son (1).

Quand on fut un peu fort dans l'écriture et la lecture des noms donnés aux objets physiques, on ne se servit plus de dessin; les sons et articulations découverts, on écrivit les mots, les phrases en usage dans la conversation; on les écrivit et on les lut en même temps: cela fut facile à ceux qui, par représentation de la parole, avaient fixé dans leur mémoire l'écriture des mots entiers, celle des syllabes, celle des syllabes articulées, celle des sons et articulations. Mais pour enseigner à écrire et à lire à la jeunesse, il est plus que probable que l'on n'abandonna pas de long-temps les dessins des objets physiques; l'on suivit en tout ma nouvelle méthode.

Si je voulais m'étendre dans les raisonnemens qui me viennent en foule, pour démontrer que l'on n'a pu parvenir à écrire et à lire que par les moyens que je viens de décrire, je serais obligé de faire un travail considérable, plusieurs

(1) Nécessairement, pour s'entendre à une distance quelconque, on a appris à écrire et à lire l'écriture en même-temps: on ne pouvait pas apprendre à lire ce qui n'existait pas, il a donc fallu inventer l'écriture; donc, ces deux choses, dans les premiers temps, ont marché ensemble, et n'ont pu exister l'une sans l'autre.

volumes peut-être. Je me réserve de développer mes idées sur l'invention de la parole, de l'écriture et de la lecture, dans toute autre circonstance. Comme il ne s'agit actuellement que d'un cours de lecture, je dois le rédiger intelligible pour la multitude, et lui donner le moins de longueur possible ; je dois parler aux yeux et à l'oreille, avant de me faire comprendre par l'esprit; je suis, en outre, désireux de faire jouir le public, le plus tôt possible de ma découverte. Je dirai seulement en passant, qu'en voulant perfectionner l'art de parler, d'écrire, de lire et de se faire lire, on alla trop loin ; on donna des noms aux consonnes ou articulations ; on inventa malheureusement pour la lecture l'épellation; on se rendit inintelligible : de là vint la difficulté d'enseigner et d'apprendre à lire; de là vint que l'on n'apprit plus à écrire et à lire dans le même temps ; que le temps considérable employé pour la lecture fut cause que peu de personnes s'en occupèrent; que la plupart des peuples furent dans la plus honteuse ignorance, et que, bien loin de se civiliser, on tomba nécessairement dans la barbarie : de sorte que je prétends que plus de personnes s'occupait de la lecture avant l'épellation que depuis cette monstrueuse invention.

Ensuite de toutes ces réflexions, je résolus d'enseigner à mes élèves la lecture et l'écriture par les mêmes moyens que ceux que je crus avoir été employés par nos premiers pères, 1°. pour parvenir à communiquer entre eux par le moyen de la voix (par le parler) ; 2°. pour inventer et mettre en usage l'écriture et la lecture. Ayant trouvé près de moi un dessin assez bien fait, représentant un *âne* qui n'était chargé que de son bât, je découpai le dessin, et l'appliquai ou collai sur un tableau ; je découpai ensuite les lettres ou caractères nécessaires pour former trois fois les deux mots âne bâté ; cette opération faite, je formai les trois lignes suivantes :

âne bâté.

â-ne bâ-té,

â n-e b-â t-é.

Je composai, comme on le voit, pour la première ligne, les deux mots sans séparation de syllabes; pour la deuxième ligne je divisai les deux mots en syllabes, et pour la troisième, les deux mots furent divisés en sons et articulations.

Je fis appeler un de mes nouveaux élèves, qui n'avait encore reçu aucune leçon de lecture, qui ne connaissait, comme on dit vulgairement, ni *a* ni *b;* en moins de cinq minutes, il a su lire les deux mots *âne bâté*, il a appris parfaitement à distinguer, 1°. les quatre syllabes *â-ne bâ-té*, qui composent les deux mots; 2°. la liaison ou articulation de la consonne *n* avec le son *e*; celle de *b* avec *â*; enfin celle de *t* avec *é*: il a su encore distinguer les consonnes ou articulations *n*, *b*, *t*, et les voyelles ou sons *a*, *e*, *é*; je ne lui ai point fait épeler ou nommer les consonnes, chose que je croyais entièrement contraire à l'enseignement de la lecture, ainsi que je l'expliquerai.

Pour me convaincre si mon élève connaissait parfaitement ce que je pensais lui avoir enseigné, j'ai, de l'autre côté du tableau, composé et divisé de la même manière les mêmes mots; l'enfant, à ma grande satisfaction, a lu les mots, syllabes et décompositions de syllabes, quoiqu'il n'eût plus devant les yeux le dessin représentant l'*âne bâté*.

Je ne dirai point actuellement comment je fis lire mon élève; j'en parlerai bientôt: ce ne serait donc qu'une répétition mal sonnante. J'ajouterai seulement que la vue des cassetins d'imprimerie me donna l'idée de faire imprimer en grand nombre toutes les lettres de l'alphabet, pour enseigner à mes élèves, en même temps que la lecture, l'orthographe d'usage; ensuite pour éviter les reproches que l'on aurait pu me faire, comme à tous ceux qui enseignent la lecture sans épellation: *on prétendait que celui qui avait appris à lire sans l'épellation avait une difficulté extraordinaire à écrire par la suite sous la dictée; que lorsqu'on lui avait appris à écrire, n'ayant point épelé ou nommé tous les caractères qui composent les sons et les articulations, il ne pouvoit se familiariser avec l'orthographe d'usage; enfin, que les règles même de la grammaire étaient ensuite pour lui la chose la plus difficile à concevoir.*

Je fus très-content de mon heureuse découverte, je résolus d'en faire profiter le public. Cependant, avant de mettre en action pour mes élèves (qui étaient aux premiers élémens de lecture) les différentes figures ou dessins que j'avais sous la main ou que je pouvais me procurer, je fis l'acquisition d'une grande partie des ouvrages qui traitent de l'art de la lecture; je ne voulus point m'engager dans aucun essai ou travail sans m'assurer, 1°. de ce que pensaient les auteurs sur l'art de la lecture; 2°. sans savoir ce qu'ils en avaient dit; 3°. sans me convaincre si quelques-uns des plus accrédités n'avaient pas fait la même découverte que moi; 4°. sans chercher enfin à profiter de leurs lumières pour donner plus d'extension à mes idées, et par suite, rendre plus utile ma nouvelle découverte.

J'ai lu avec attention tous les ouvrages que j'ai pu me procurer; j'ai pris des notes exactes sur tout ce qu'ils renfermaient de bon; j'en ai fait autant sur tout ce qu'ils avaient écrit de contraire, ainsi que je le répète, à l'art de la lecture.

Je dirai quelque chose des bureaux typographiques de Dumas; j'en avais fait construire, et je m'en servais, sans savoir que Dumas en avait eu l'idée avant moi.

Je ne connais sa méthode que par l'expérience des autres; je ne répéterai donc que ce qui m'a été dit à cet égard. Une personne, qui a enseigné par les bureaux typographiques de Dumas, a prétendu qu'en peu de temps les élèves faisaient des progrès rapides; que l'enseignement de la lecture n'était plus, soit pour le maître, soit pour l'élève, qu'un jeu, qu'une suite d'exercices récréatifs; qu'en outre, l'élève apprenait la prononciation et l'ortographe d'usage; cette personne a même ajouté que Sa Majesté Louis XVIII et Son Altesse Royale Monsieur, avaient (dans le plus bas âge) appris à lire par les bureaux typographiques.

Si Dumas eût vécu sous le Prince qui tient aujourd'hui les rênes du gouvernement, Prince plus instruit lui-même qu'aucun roi ne le fut, protecteur-né des arts et des sciences, Dumas, dis-je, aurait obtenu une digne récompense de son ingénieuse et utile découverte.

Je fus charmé de m'être rencontré avec Dumas, puisque, comme je l'ai dit plus haut, à la vue des cassetins d'imprimerie, j'eus l'idée de faire imprimer plusieurs fois les lettres de l'alphabet, de les coller sur carton, et de découper chaque caractère pour le mettre dans la case qui lui était destinée.

Le bureau typographique consistait en une table (m'a-t-on dit), sur laquelle étaient placées des cases en nombre suffisant pour recevoir toutes les lettres de l'alphabet; Dumas nommait chacune de ces lettres en particulier, et invitait l'élève à les aller prendre lui-même, une à une, dans leurs cassetins respectifs, etc., etc.

La méthode de Dumas était simple et ingénieuse; elle était alors tout ce qu'il y avait de mieux; mais elle manquait de point de départ naturel : elle partait de l'inconnu pour arriver au connu. Dumas enseignait d'abord la connaissance des lettres, ensuite celle des syllabes, dont le nombre est innombrable, avant d'enseigner à lire les mots.

Je ne donnerai point en analyse tout ce qu'ont dit les auteurs les mieux accrédités sur la lecture, je me bornerai à écrire que, d'après eux, on devait enseigner les parties dont l'enfant devait se servir un jour pour former et savoir lire un tout, au lieu de commencer par ce tout, pour en venir ensuite à sa décomposition.

Tout ce que j'ai lu, toutes les méthodes que j'ai examinées avec la plus grande impartialité, avec la plus grande attention, m'ont donc convaincu, 1°. que j'avais réuni tout ce qu'il y avait de bon dans toutes les autres méthodes; 2°. que j'avais écarté tout ce qui y était vicieux; que j'avais donné de l'âme, de l'expression à tout ce qui était abstrait et ennuyeux.

D'après toutes ces réflexions, je mis la main à l'œuvre, je découpai dans différens ouvrages cent dix figures, que je partageai en cinq tableaux, mais d'un seul côté de chaque tableau, l'autre côté restant libre pour y placer les mots et les décompositions sans figures. Je mis au bas de chacune d'elles le nom de la chose représentée ; je décomposai ce nom comme j'ai fait pour *âne bâté*, dont j'ai parlé plus haut. Par exemple, pour le dessin représentant un nègre fumant, j'ai composé et décomposé les deux mots *nègre fumant*, ainsi qu'il suit :

Nègre fumant.

nè-gre fu-mant.

n-è gr-e f-u m-ant.

J'eus la patience de découper toutes les lettres d'impression qui m'étaient nécessaires pour représenter par écrit et de la manière ci-dessus indiquée les noms des cent dix objets figurés.

Mes tableaux ainsi construits, je les portai dans mes classes, et je ne fus point trompé dans mon attente : ils produisirent l'effet que j'en attendais ; j'ai été et je suis encore de jour en jour et de plus en plus satisfait des progrès de mes élèves.

Je n'expliquerai point comment je m'y suis pris pour enseigner à mes élèves à lire les mots placés sous les cent dix figures dont j'avais composés mes cinq tableaux, cette description serait inutile ; je dirai seulement qu'en les faisant exercer, j'ai corrigé quelque chose à mon premier plan. Je crois l'avoir aujourd'hui assez perfectionnée pour enseigner la lecture de manière à ne rien laisser à désirer, ainsi qu'à répondre d'avance, par l'explication que je vais donner, à toute objection qui pourrait être faite par ceux qui n'auraient pas pris la peine de me lire, ou qui n'auraient pas essayé de concevoir mon plan et son exécution. Fort de l'expérience que j'ai acquise depuis le mois de septembre 1819, puisqu'en moins de trois mois j'ai enseigné la lecture à plus de quarante enfans qui ne connaissaient pas même leurs lettres ; puisqu'enfin plusieurs individus, âgés de plus de trente ans ont aussi appris à lire en quinze leçons par ma méthode, j'ai cru devoir la publier et en faire jouir non-seulement les enfans qui, trop jeunes, n'ont pû entrer dans aucune école, ainsi que ceux qui ont suivi les anciennes méthodes, mais même encore les personnes de tout âge qui, par des circonstances impérieuses, n'ont pu s'instruire en aucune manière dans l'art de la lecture.

Avant de passer à la description de la manière d'enseigner à lire d'après ma nouvelle découverte, je vais, par quelque exemple, faire sentir le ridicule et les effets pernicieux de l'épellation.

Quelques personnes ont prétendu que la prononciation *be, ce, de*, etc. pour les lettres *b*, *c*, *d*, facilitaient beaucoup la lecture aux enfans, en même temps qu'elle épargnait bien des peines à ceux qui leur montraient à lire; que la prononciation *bé, cé, dé* pour les lettres *b*, *c*, *d*, était une invention monstrueuse. Je répondrai que cette épellation ou ces noms donnés aux lettres sont, il est vrai, moins vicieux; mais que cependant ils mettent l'enfant dans de grands embarras. Supposons le mot *muscat* pour les deux épellations : l'enfant, se rappelant du nom donné à chaque lettre *be, ce, de*, etc. ne pourrait prononcer le mot *muscat* qu'ainsi qu'il suit, *me, u, se, ce, a, te;* il aurait, par l'autre épellation, *bé, cé*, etc., *emme, u, esse, a, té, e*. Enfin, un auteur qui a écrit tout récemment sur l'art de lire, prétend qu'il enseignera la lecture par des phrases entières, puis par des mots, sans donner la connaissance ni des syllabes ni des lettres; on croirait que cet auteur, considérant les noms donnés aux lettres ainsi que l'épellation comme une monstruosité, enseigne la lecture suivant le titre de son ouvrage : point du tout; il donne, en contradiction avec lui-même, les noms aux lettres les plus baroques. Reprenons le mot muscat; il appelle *m*, *meu; u, u;* l'*s, se; c, queue; a, a; t, te*. En réunissant ces caractères, nous avons pour *muscat* le joli mot *meu, u, se, queue, a, te*. On voit que les trois noms donnés précédemment à chaque lettre, bien loin de fournir à l'enfant les moyens de s'instruire dans la lecture, lui tracent une route pleine d'écueils, pleine de difficultés, qui lui paraissent insurmontables. C'est pourquoi, dis-je, l'art de la lecture était si difficile à enseigner ; c'est pourquoi il fallait, autrefois, deux à trois ans pour apprendre à lire.

L'on ne doit donner aucun nom aux lettres, excepté aux voyelles, quand chacune forme une syllabe ou sonne seule dans un mot, quand même elle est articulée ou liée à une ou plusieurs consonnes à sa gauche ; mais les voyelles, unies entre elles ou combinées pour former de nouveaux sons, ne peuvent plus être nommées ; on prononce la diphtongue d'un seul son de voix, suivant le son qu'elle doit produire ; mais on ne peut séparer les voyelles réunies pour les épeler ; l'on mentirait à l'oreille tout autant que si l'on épelait une consonne articulée avec une voyelle ou avec un son quelcónque.

Je crois avoir assez fait observer combien tous les noms donnés aux lettres consonnes sont ridicules, et combien de difficultés cette dénomination fait naître, soit pour le maître, soit pour l'élève. On ne devrait donc nommer aux enfans aucune lettre consonne que quand ils sauraient lire. Tout ce que je viens de dire et tout ce que l'on a dit avant moi, sur les noms des lettres, prouve jusqu'à l'évidence que j'ai trouvé la seule méthode d'enseigner la lecture facilement et agréablement.

Quand l'enfant saura parfaitement lire, nommez-lui les lettres comme vous le voudrez, cela ne changera rien à sa manière de lire ; il lira toujours bien, quel que soit le nom donné à chaque lettre. Il en est de même pour les langues étrangères, qui ne sont difficiles pour nous que par les noms donnés aux lettres. L'enfant n'a besoin que de les distinguer, et pour s'en servir à chercher les mots dans les dictionnaires ; du reste il apprend assez le nom des lettres en composant des mots au bureau typographique, quoique s'y exerçant sans épeler.

Je vais encore donner trois exemples d'épellation : j'ajouferai la critique de quelques anciennes divisions de syllabes. Supposons les trois mots *paille, bataille, fûtaille,* par l'épellation nous avons les trois mots suivans : *péâielleellee, béâtéâielleellee, effeûtéâielleellee,* outre les défauts incontestables de l'épellation, on divisait encore très-mal les mots en syllabes ; en outre, on donnait à ces mêmes syllabes une prononciation qui ne pouvait exister d'après l'assemblage des caractères qui étaient réunis pour les former. On dsiait donc pour *paille, pé, â, i, elle, paille, elle, e, le, paille ;* on divisait *paille* en deux syllabes *pail-le ; pail* ne fait pas *paille,* mais doit se prononcer *pèle ; le*, se prononçant *le*, nous aurons donc par cette division de syllabe *pèlele*, et non pas le mot *paille ;* l'ancienne division de syllabes pour les mots *bataille* et *fûtaille* produit les mêmes inconvéniens, *ba-tail-le, fû-tail-le;* nous dirons pour la première syllabe *ba* se prononce *ba, tail* fait *téle*, et non pas *taille*, nous sommes d'accord sur la prononciation de la syllabe *le;* ainsi au lieu d'avoir *bataille* en prononçant chaque syllabe, comme le prescrivait l'ancien syllabaire, nous aurions *batèlele ;* et si enfin on prétend que *tail* doit se prononcer *taille,* nous aurions encore pour la prononciation du mot en syllabe *bataille-le, bataillele :* il en sera de même pour *fûtaille* et *paille*, nous aurions *fûtaillele, paillele*, ce qui est tout au moins ridicule.

Que l'on divise en syllabes les trois mots dont je viens de parler ainsi qu'il suit, on aura une prononciation juste, et, au moyen de ma nouvelle division, on ne pourra plus se tromper : *Pa-ille, fû-ta-ille, ba-ta-ille ;* les mots divisés de cette manière ne changent donc point la prononciation des syllabes réunies pour former le mot ; au contraire, en aident la prononciation et empêchent l'élève de se tromper.

Ne parlons plus de l'épellation, n'examinons que l'ancienne division des syllabes ; supposons que l'épellation n'en dérange point la prononciation, examinons-les en masse et ne les analysons point, ou ne les décomposons point par l'épellation, et prenons pour exemple les mots *grenouille, quenouille*, *citrouille*, etc. Dans toutes les écoles on diviserait ces trois mots, ainsi qu'il suit : *que-nouil-le*, *gre-nouil-le*, *ci-trouil-le ;* en prononçant chaque syllabe, ainsi qu'on le fait dans les écoles, on aurait *que-nouille-le*, *gre-nouille-le*, *citrouille-le*, *quenouillele*, *grenouillele*, *citrouillele ; nouil* ne fait point *nouille ;* on ne peut prononcer *nouile ;* on aurait, par cette monstrueuse division, *nouilele*, etc. Suivant ma division des mots en syllabes, on aura une prononciation assurée, sans variation, et aisée à faire concevoir à tout élève, *que nou ille*, *gre nou ille*, *ci trou ille.* La prononciation des syllabes ne dérange donc plus la prononciation entière des mots, ou plutôt les syllabes réunies ou divisées forment toujours dans la prononciation le même mot.

Les mots *microscope*, *bascule*, *instrument*, *bassesse*, sont divisés ainsi qu'il suit dans tous les syllabaires : *mi-cros-co-pe*, *bas-cu-le*, *ins-tru-ment*, *bas-ses-se ;* d'après cette division et la prononciation que l'on donne partout à chaque syllabe, on aurait pour *miscroscope*, *mi-crô-co-pe*, parce que *cros* fait *crô* et non pas *crosse ;* que pour prononcer *crosse*, il faut deux *ss* et un *e ;* pour *bascule*, *bas* doit se prononcer *bâ*, et non pas *basse*, et ainsi nous aurions *bâ-cu-le*, *bâcule*, au lieu de bascule ; pour *instrument*, *ins* ne fait point *inse* ou *ince*, mais simplement *in*, et au lieu de prononcer *instrument*, nous n'aurions par cette division que *in-tru-ment*, *intrument ;* pour le mot *bassesse*, la division ancienne est bonne : je ne prétends point le diviser différemment ; mais je dirai qu'il est plus que ridicule de faire prononcer dans toutes les écoles les syllabes de ce mot, ainsi qu'il suit : *basse-sesse-se*, ce qui, en assemblant, forment le mot *bassesessese.* Que de peines l'on se donnait donc pour empêcher l'enfant d'apprendre à lire, tout en voulant le lui montrer : on aurait dit que l'on dénaturait tout, exprès pour créer des difficultés insurmontables.

Voilà comme je prétends que les quatre mots précités, *microscope*, *bascule*, *instrument*, *bassesse*, doivent être divisés en syllabes : *mi cro sco pe*, *ba scu le*, *in stru ment*, *bas ses se*. Cette division ne peut être contredite ; elle est juste, elle ne ment point à l'oreille, elle s'accorde parfaitement à la prononciation des mêmes mots non divisés en syllabes ; je crois que l'on ne peut la contredire de bonne foi.

Pour le mot *bassesse*, je le divise bien comme dans toutes les écoles ; mais je fais prononcer différemment chaque syllabe ; *bas* fait *bâ* et non pas *basse ; ses* doit se prononcer comme le pronom *ses*, et non *sesse ; se* se prononce *se* : la prononciation de mes trois syllabes, ainsi que je viens de l'expliquer, correspond entièrement à celle du mot entier *bassesse*. $\frac{\textit{Bas ses se.}}{\textit{Bâ sè se.}}$

Je ferais plusieurs volumes si je voulais en venir à la critique de toutes les divisions de syllabes usitées jusqu'à ce jour dans toutes les écoles ; il suffit, je pense, de prier mes lecteurs de me suivre dans la division de mes syllabes, soit dans les mots imprimés sous chaque dessin, soit dans ceux employés pour décrire les objets figurés : on y trouvera tous les mots divisés suivant ma nouvelle méthode. La troisième partie de cet ouvrage contiendra en outre un syllabaire exact, ainsi que la comparaison des anciennes divisions avec celles que je prétends devoir être établies.

Cependant j'ajouterai une dernière observation : les voyelles *a, e, i, o, u*, sont brèves quand elles ne sont point accentuées ; elles sont longues quand elles ont l'accent grave ou circonflexe : *a* se prononce comme dans *patte*, *â* est long dans *âne*. On ne doit donc point changer la prononciation de chaque voyelle considérée comme son, ou celle de chaque voyelle précédée d'une ou de plusieurs articulations, quand cette voyelle forme seule une syllabe, ou quand elle forme encore une syllabe unie à une ou plusieurs articulations ou consonnes. Mais quand les voyelles ou sons s'unissent deux à deux pour former de nouveaux sons, ou quand elles sont suivies d'une articulation, elles ne doivent plus être considérées comme sons, elles ne doivent plus être nommées, elles ne doivent être regardées que comme caractères, qui, liés avec d'autres, forment un tout indissoluble représentant un objet unique : elles forment donc un son nouveau indivisible, comme dans *ar*, *au*, etc.; *am*, *em*, *en*, etc.; *in*, *im*, *ir*, etc.; *ou*, *or*, etc.; *ur*, *un*, etc. Supposons, pour exemple, le mot *coton;* on le faisait épeler ainsi : *cé*, *ô*, *co*, *té*, *ô*, *enne*, *ton*, *coton;* l'on voit qu'il était impossible de mentir plus impudemment à l'oreille; on avait fait, d'un petit mot, le mot épouvantable *céôtéôenne*. On doit prononcer dans ce mot l'*o* bref : si on veut épeler le son *on* et prononcer *ô* long, on ne pourrait plus avoir le son *on*, car *ô* formerait une syllabe avec *t*, et l'on aurait *côtô;* la consonne *n* ne pourrait plus sonner avec *ô*, ou, pour mieux dire, *ô* ne peut être suivi d'aucune consonne qui puisse former un son ou un corps de syllabe avec lui.

Quoi qu'en disent différens auteurs, nous avons plus de cinq sons primitifs, *a*, *e*, *i*, *o*, *u;* j'en compte seize, puisque l'accent change le son ou la prononciation de chacun de ces caractères : nous avons donc *a*, *à*, *â*, *e*, *é*, *è*, *ê*, *i*, *ì*, *î*, *o*, *ò*, *ô*, *u*, *ù*, *û*. Nous avons encore *eu*, *ou*, *an*, *in*, *on*, *un*, etc., etc.... Enfin tous les sons qui se prononcent d'une seule énonciation de voix, et comme les voyelles qui retentissent à nos oreilles, en prolongent la prononciation, ainsi que le son d'une cloche qui se fait entendre en vibrant longuement. Dans mon syllabaire, je donnerai les explications que je crois nécessaires pour faire sentir ce que j'entends par les sons figurés en caractères simples ou en caractères composés. Au bureau typographique et à la lecture, j'en fais distinguer la prononciation à mes élèves.

Aujourd'hui que ma nouvelle méthode est perfectionnée par l'expérience, pour donner la faculté à tous ceux qui se procureront mon ouvrage d'enseigner la lecture, soit à leurs enfans, soit à tout élève, tant par l'enseignement individuel qu'autrement, je vais l'expliquer par un seul exemple.

Je suppose une figure représentant un rhinocéros blessé. Sous ce dessin seront imprimés trois fois les deux mots, ainsi qu'il suit :

Rhinocéros blessé.

Rhi-no-cé-ros bles-sé.

Rh-i n-o c-é r-os bl-es s-é.

Le maître aura soin de réunir plusieurs élèves ensemble (par exemple neuf, s'il le peut), afin d'exciter leur émulation ; les progrès seront plus rapides. Il ne sera pas difficile à celui qui n'aurait qu'une leçon particulière à donner de faire lire par cette méthode ; je pense qu'il n'est pas nécessaire d'en donner un exemple. Le maître, ayant quelques élèves près du tableau sur lequel serait imprimé les trois lignes ci-dessus, désignera avec une baguette, à la première ligne, le mot rhinocéros, et le prononcera d'une seule énonciation de voix : chacun des élèves, à la vue du dessin et du mot désigné à la première ligne, prononcera, l'un après l'autre, le mot *rhinocéros* : on les fera exercer sur ce mot jusqu'à ce qu'ils le disent et prononcent bien. Le maître lira le mot *blessé*, et chaque élève exercera pour ce mot, comme pour celui de *rhinocéros* ; le maître désignera ensuite, avec sa touche, tantôt *blessé*, tantôt *rhinocéros*, en intervertissant l'ordre de l'impression. Si le premier élève ne dit pas bien, il sera repris par le second, ainsi de suite : celui qui dira bien, restera à sa place ; ou s'il a repris un ou plusieurs de ses camarades qui soient avant lui dans l'ordre du cercle, il passera à leur place ; quand les élèves sauront bien distinguer et prononcer, sans se tromper, les deux mots entiers *rhinocéros blessé*, le maître passera à la seconde ligne, à la ligne des syllabes : il prononcera les deux mots par syllabes séparées, en allant de gauche à droite, *rhi-no-cé-ros*, *bles-sé*, en suivant de sa touche chaque syllabe au fur et mesure qu'il les prononcera bien posément et distinctement.

Le maître désignera chaque syllabe : le premier élève dira : *rhi* ; le deuxième *no*, *en prononçant o* bref ; le troisième *cé* ; le quatrième dira *ros*. Ce dernier, après avoir prononcé cette dernière syllabe, dira tout le mot, en le divisant bien distinctement par syllabes détachées *rhi no cé ros ;* le cinquième dira *bles*, en prononçant *blè*, et non pas *blesse*, comme on avait la mauvaise habitude de faire prononcer cette syllabe dans toutes les écoles ; le sixième dira *sé*, et prononcera ensuite le mot *blessé* par syllabes bien détachées, *bles sé*. Le maître invite ses élèves à faire attention : il lit et suit de sa touche chaque syllabe de la deuxième ligne, en revenant de droite à gauche ;* ainsi qu'il suit, *sé bles* / *sé blès* et dit : *bles sé* / *blè sé* ; *ros, cé, no, rhi ; rhi no cé ros ;* après que le maître aura lu, l'élève dira, de droite à gauche, *sé ;* le huitieme, *blè* : ce dernier dira ensuite tout le mot *bles sé*. Le neuvième dira *ros ;* le premier *cé ;* le deuxième *no ;* le troisième *rhi*, *rhi no cé ros* : bien entendu que ceux qui diront mal, perdront leur place pour la céder à celui qui, inférieur dans l'ordre du cercle, les aura repris.

Le maître lira ensuite la troisième ligne imprimée, en désignant bien scrupuleusement avec sa touche tout ce qu'il lira, en l'articulant ainsi qu'il va être expliqué. Ayant achevé de lire *rh-i n-o c-é r-os*, *bl-es s-é*, désignera au premier le son *i*, placé après l'articulation *rh* dans la première syllabe, l'élève dira *i ;* le maître revenant sur *rh*, et promenant lentement sa touche de l'articulation *rh* au son *i*, l'élève articulera aussi lentement *rh-i ;* le maître désignera au deuxième élève le son *o*, placé à la deuxième syllabe : cet élève dira *o* bref ; et, revenant sur l'articulation *n*, ainsi qu'il vient d'être dit, il articulera lentement *n-o ;* le troisième élève dira *é*, *c-é ;* et le quatrième *os*, *r-os*. Ce dernier reviendra sur le mot entier *rh-i n-o c-é r-os*, en traînant sur les articulations pour arriver lentement à la prononciation de chaque syllabe du mot *rhinocéros*. Pour le mot *bl-es s-é*, après que le maître aura lu, l'élève désigné prononcera *es*, articulera lentement *bl-è ;* le suivant dira *é*, et articulera *s-é ;* le même dira ensuite la totalité du mot, en traînant sur les articulations, pour arriver lentement à la prononciation de chaque syllabe de *bl-es sé*.

Le maître, en commandant l'attention des élèves, lira lui-même la troisième ligne; il fera cet exercice, en revenant de droite à gauche, de la manière suivante :

Le maître, promenant sa touche des sons aux articulations à lire, l'élève désigné dira, de droite à gauche, à la première syllabe, *é*, et articulera lentement *s-é;* le suivant prononcera *es (è)* et articulera *bl-ès;* le même dira le mot *bl-es s-é,* en traînant l'articulation de chaque syllabe pour arriver à la prononcer; un autre, pour le mot *rh-i n-o c-é r-os,* prononcera de droite à gauche *os*, et articulera lentement *r-os;* le suivant prononcera *é*, et articulera lentement *c-é;* un autre prononcera *o* bref, et articulera *n-o;* un autre enfin prononcera *i*, et articulera *rh-i;* le même dira ensuite la totalité du mot, en prononçant chaque syllabe articulée, ou plutôt articulera lentement, pour arriver à la prononciation de chaque syllabe *rh-i n-o c-é r-os;* bien entendu que celui qui ne dit pas bien perd sa place pour la céder à celui qui le reprend; moyen extrêmement ingénieux pour fixer l'attention de l'élève et exciter son émulation. Ces exercices faits, le maître ne passera point à la lecture des mots qui sont sous d'autres figures, sans s'être convaincu si les élèves connaissent bien les mots, les syllabes ou les sons formés d'une ou plusieurs voyelles, sans articulations ou consonnes, ainsi que les syllabes articulées. Pour cela, supposant toujours les deux mots dont je viens de parler, le maître désignera au premier élève une syllabe quelconque des deux mots *rhi no cé ros bles sé,* par exemple, *no;* si l'élève dit bien, ou en donne la prononciation exacte, le maître désigne d'autres syllabes : par exemple, *bles*, etc.... Il en fait autant successivement de toutes les syllabes faisant partie des deux mots précités, imprimés à la seconde ligne; il interroge ensuite chaque élève sur les syllabes articulées qui forment la troisième ligne; il désignera, par exemple, à un élève *o;* l'élève prononcera *o*. Le maître promenant ensuite sa touche de l'articulation *n* au son *o*, l'élève prononcera lentement *n-o;* si l'élève ne dit pas bien, il perd sa place, et la cède à celui qui le reprend. Le maître doit faire répéter ce qu'il a mal dit, ou lui faire bien dire ce qu'il n'a pas su lire : le maître en fait autant pour toutes les syllabes articulées placées à la troisième ligne ; quand il est certain que les élèves connaissent parfaitement les mots et les syllabes placés sous la figure, il passe à d'autres mots ou divisions de mots imprimés sous d'autres dessins ; c'est ainsi qu'il procédera pour enseigner à bien lire et à bien distinguer tous les mots et les décompositions des mots qui y sont imprimés.

Le maître retourne les tableaux où les mêmes mots sont composés et décomposés de la même manière ; mais ce côté n'offre plus d'images, l'enfant n'est plus guidé par la chose représentée ; il est forcé alors de prêter plus d'attention. On exerce de la même manière sur ce même côté du tableau.

J'ai fait imprimer trois mille exemplaires de l'histoire des soixante-quatre objets figurés dans mes gravures ; j'en détacherai mille pour être remis, soit à mes élèves, soit à tous ceux qui en voudront faire l'acquisition ; ces exemplaires seront reliés en parchemin ; ils serviront aux élèves des neuvième, dixième et onzième classes qui liront au cercle, dans leur livre, au lieu de lire sur les tableaux.

En une semaine, chaque élève, même celui qui auroit le moins de capacité, doit apprendre un tableau ; par suite, il doit savoir lire les huit tableaux de lecture en moins de soixante jours ; il doit, en outre, avoir parcouru les classes neuvième, dixième et onzième en trente jours : donc il doit savoir lire en moins de trois mois. Je me fais fort d'enseigner à lire en trente leçons à un enfant de sept ans, et en vingt à un élève adulte.

Quand l'élève sait bien lire les histoires des animaux, on le fait passer à la lecture des livres de religion.

Pour la neuvième classe, on exercera, ainsi qu'il va être dit : le maître lira, je suppose, la première ligne de l'histoire de l'éléphant, dont les mots sont divisés en syllabes articulées, c'est-à-dire, dans lesquels l'articulation de chaque syllabe est séparée du son par un trait d'union, pour la faire distinguer et la graver dans la mémoire. Le maître lira donc *é, l'-é; é, l-é; ant, ph-ant, l'é l-é ph-ant; e, s-e; ou, tr-ou; e, v-e, tr-ou v-e; ans, dans; -es, l-es; i, cl-i; ats, m-ats, cl-i ma-ts; auds, ch-auds.* Le maître revient sur la ligne articulée *l'-é l-é ph-ant s-e tr-ou v-e d-ans l-es cl-i m-ats ch-auds*, et lit, en traînant sur chaque articulation pour arriver lentement à la prononciation de chaque syllabe. Quand le maître aura bien lu, le premier élève lira *é, l'-é;* le deuxième *é, l-é;* le troisième *ant, ph-ant;* le même élève dira en outre *l'-é l-é phant*, etc. Ainsi de suite pour toutes les autres syllabes articulées de cette ligne; puis il sera exercé de la même manière, soit par le maître, soit par les élèves, pour toutes les lignes dont les articulations sont séparées des sons par des traits d'union. Cette manière de lire est très-nécessaire et très-avantageuse. Par ce moyen, on parvient à familiariser entièrement les élèves avec la prononciation exacte de toutes les syllabes, de tous les sons inarticulés, et de tous les sons articulés, employés à la formation des mots de notre langue.

Quand les élèves auront lu l'histoire de chaque objet figuré divisée en sons articulés, et que le maître se sera convaincu que chacun d'eux sait distinguer une à une chacune des syllabes dont les articulations sont séparées des sons, le maître passera à la lecture de la même histoire, dont chaque mot est divisé en syllabes; il lira chaque ligne, en prononçant distinctement et posément chaque syllabe; il fera ensuite lire aux élèves ainsi qu'il suit: le premier dira *l'é;* le deuxième *lé;* le troisième *phant, l'é lé phant*, etc., ainsi de suite pour tous les autres mots de toutes les histoires divisées en syllabes. Enfin, le maître ne passera à la lecture des mots entiers que quand il sera convaincu que les élèves de sa classe savent prononcer et distinguer toutes les syllabes de l'histoire qu'ils auront lue.

Après la lecture aux tableaux, la moitié des enfans est conduite vers les bureaux typographiques; l'autre moitié entre dans les bancs d'écriture. A l'écriture, l'enfant a le dessin et les noms des objets dessinés devant lui attachés à une ficelle. La première ligne, composée en mots entiers, imprimée en caractères d'écriture cursive, leur sert de modèle d'écriture : ils écrivent les mêmes mots qu'ils ont lus, et les lisent mentalement, en les écrivant. Un élève plus fort dicte les mots par syllabes articulées, sans épellation; il dicte lentement.

Bien entendu que ceux qui ne savent pas encore écrire, ou qui tiennent à peine leurs crayons, sont exercés à tracer des mots d'une syllabe, mais jamais des lettres seules.

J'ai fait construire six bureaux typographiques, je les ai placés sur une table assez longue pour les contenir trois de rangée, en laissant un intervalle de quinze pouces entre chaque bureau. La table est assez large pour en contenir deux adossés l'un contre l'autre. Par suite, les enfans exerçant au nombre de quatre à chaque bureau, se trouvent au nombre de vingt-quatre dont je forme trois divisions. Chacune est composée des élèves travaillant aux deux bureaux adossés l'un contre l'autre.

On opère ainsi qu'il suit : les élèves qui ne font que commencer, ont devant eux les tableaux de lecture; ils composent les mots qu'ils ont sous les yeux ; on excite leur émulation en récompensant celui ou ceux qui font le mieux. Pour ceux qui sont un peu plus forts, un maître, suivant le nombre des élèves exerçant, prononce un mot quelconque que les élèves ont déjà vu sur les tableaux ; ceux des élèves qui ne peuvent composer seuls, sont aidés par le maître qui, sans nommer les caractères, leur désigne avec une touche la case où ils doivent les prendre ; enfin, pour les plus forts, on leur dicte des phrases prises sur les tableaux contenant l'histoire des animaux.

On ne compose au bureau typographique qu'en mots entiers, parce que les lettres étant mobiles, le maître peut les diviser facilement, soit en syllabes, soit en syllabes articulées, ou divisées en articulations et en sons. Cependant, les commençans doivent composer trois fois le même mot, pour graver plus profondément dans leur mémoire les mêmes syllabes, les mêmes sons et les mêmes articulations qu'ils doivent reconnaître dans une infinité de mots.

Les élèves ayant composé les mots tels que ceux de *rhinocéros blessé*, le maître les réunit huit ensemble, en faisant faire le demi-cercle devant un des bureaux où sont composés les mots; il lit lui-même les deux mots dans l'ordre de l'écriture de gauche à droite, en faisant couler sa touche sous chaque mot au fur et mesure qu'il le prononce; il lit ensuite les deux mots de gauche à droite, *blessé rhinocéros :* après cette opération, il dit au premier élève : fais-moi voir où est *rhinocéros ?* s'il dit bien, il passe au second, et lui demande où est le mot *blessé ;* enfin, il fait les mêmes questions à tous ceux des élèves qui composent son demi-cercle, tantôt sur *blessé,* tantôt sur *rhinocéros :* on ne cesse cet exercice que lorsque les huit élèves peuvent désigner du doigt l'un et l'autre des deux mots écrits.

Le maître divise ensuite les deux mots en syllabes, *rhi no cé ros bles sé;* la division faite, il les lit bien posément dans l'ordre de l'écriture; il désigne chaque syllabe avec sa touche de gauche à droite à mesure qu'il lit, ou plutôt il lit en même temps qu'il désigne; le maître ayant lu, le premier élève dit la première syllabe *rhi,* que lui fait voir le maître en promenant sa touche de gauche à droite sous la syllabe; le deuxième lit *no*, le troisième *cé,* le quatrième *ros;* ce dernier répète le mot entier *rhi no cé ros,* en divisant, dans la prononciation, bien distinctement et posément chaque syllabe; le cinquième dit $\frac{\textit{bles}}{\textit{blè}}$, le sixième dit *sé;* ce dernier prononce le mot entier *blessé,* en lisant distinctement et posément chaque syllabe de ce mot $\frac{\textit{bles sé}}{\textit{blè sé}}$; le maître lit ensuite de droite à gauche les deux mots précédens, toujours en désignant tout ce qu'il lit de sa touche, et en la promenant sous la totalité des caractères; il lira donc, en rétrogradant de droite à gauche, *sé blè, blè sé; ros, cé, no, rhi; rhi no cé ros*. Quand le maître a bien lu et désigné de la manière indiquée, alors il fait lire à chacun des élèves une syllabe, comme il a lu lui-même de droite à gauche : celui qui aura lu la dernière syllabe de chaque mot, dira le mot entier ; ainsi, celui qui dans *bles sé* aura dit *blès*, dernière syllabe de droite à gauche, dira *bles sé*, et celui qui aura dit *rhi*, dernière syllabe de droite à gauche du mot *rhinocéros*, dira *rhi no cé ros*. Cet exercice fait, le maître porte sa baguette sous une syllabe quelconque des deux mots, et invite un élève à prononcer cette syllabe ; s'il ne le sait pas, il demande au suivant, etc. ; il désigne toutes les syllabes des deux mots sans suivre aucun ordre, et continue cet exercice jusqu'à ce que tous les élèves connaissent et prononcent parfaitement toutes les syllabes qui composent les deux mots ; et enfin, jusqu'à ce qu'il les connaissent, de manière à les distinguer partiellement, dans tous les mots où ils pourraient être placés indifféremment.

Lorsque l'exercice sur les syllabes a eu lieu et a été bien exécuté, on passe à celui des sons articulés. *Rh-i n-o c-é r-os bl-es s-é*. Le maître lit et prononce les sons articulés et les sons inarticulés, ainsi qu'il va être expliqué pour faire exercer les élèves ; le maître ayant lu, il pose sa touche sous le son *i* placé dans la première syllabe de gauche à droite du mot *rhinocéros* ; l'élève prononcera *i* : le maître revenant à gauche, promène ensuite sa touche sous l'articulation *rh* jusque sous le son *i*; l'élève, pendant cette action du maître, prononce lentement *rh-i*, en traînant sur l'articulation pour arriver lentement à articuler la syllabe *rhi* : le maître et les élèves en font autant pour tous les autres sons articulés, *o, no ; é, cé ; os ros* ; le dernier qui prononcera la syllabe articulée *r-os*, dit ensuite tout le mot entier *rh-i n-o c-é r-os*, en traînant de droite à gauche lentement sur l'articulation de chaque syllabe. On fait les mêmes exercices pour le mot $\frac{\textit{bl-es s-é}}{\textit{blè}}$ $\frac{\textit{es bl-es ;}}{\textit{blè}}$ *é, s-é*, celui qui a articulé la dernière syllabe dit le mot entier *blessé*, en prononçant longuement chaque syllabe de gauche à droite *bl-es s-é*.

Le maître lit ensuite de droite à gauche les syllabes articulées de *rhinocéros blessé*, ainsi qu'il suit, *é, s-é; es* $\frac{\text{bl-es}}{\text{blé}}$ *bl-es s-é; os, r-os; é, c-é; o, n-o; i, rh-i; rh-i n-o c-é r-os*. Le maître ayant lu, les élèves font le même exercice que le maître, en lisant toujours de droite à gauche, et en se reprenant les uns les autres.

Le maître fait alors les questions suivantes aux élèves : par exemple, dira-t-il au premier, désigne - moi du doigt *os, r-os*? l'élève s'approche du bureau, il porte le doigt sous *os*; et promenant son doigt de gauche à droite sous les deux caractères, il prononce *os*; il porte ensuite son doigt à gauche de l'articulation *r*, la rapproche du son *os* pour former la syllabe *ros*; et promenant toujours son doigt de gauche à droite sous les trois caractères *ros*, il prononcera *ros*; il en est ainsi pour tous les sons articulés des deux mots *rhinocéros blessé*. On exerce de la sorte jusqu'à ce que tous les élèves du demi-cerle connaissent et prononcent indistinctement tous les sons articulés qui composent les deux mots donnés pour exemples.

Pour les élèves qui commencent à être forts, lorsque les exercices sont achevés, on les invite à former, avec les mêmes caractères employés dans *rh-i n-o c-é r-os bl-es s-é*, des mots nouveaux, des syllabes nouvelles : par exemple, on leur dira : compose-moi *i*, *c-i*; l'élève descendra le son *i* et portera à gauche l'articulation *c* : en les joignant, il formera *ci*; ainsi de suite de toutes les combinaisons propres à former différens mots et différentes syllabes. Si le premier élève n'exécute pas bien, on fait exercer le second, ainsi de suite; l'élève ayant réussi, on lui fait replacer les deux caractères à la place qu'ils tenaient précédemment dans le mot; on le fait ainsi exercer sur toutes les syllabes qui peuvent être formées par les sons articulés de diverses manières : on excitera toujours l'attention et l'émulation par la concurrence des élèves les uns envers les autres, et par le changement de place.

Quand les élèves savent bien les premiers tableaux élémentaires, on leur fait composer l'histoire de chaque animal dont ils connaissent le nom : au commencement ils font cet exercice avec le tableau d'histoire sous les yeux ; quand ils sont un peu plus forts, on leur dicte chaque histoire, bien entendu qu'ils ne composent qu'une phrase à la fois, et que l'on ne passe à une seconde que lorsque la première est lue, suivant ce qui vient d'être expliqué. Les élèves ne composent qu'une fois les divisions des mots en syllabes ; les sons et articulations se font par le maître sur la phrase composée.

Au bureau typographique, l'enfant doit désigner, avec son doigt, sa réponse sur les questions qu'on lui fait, soit lorsqu'on lui demande où est placé, 1°. un mot que l'on aurait composé ; 2°. chacune des syllabes de ce même mot en particulier ; 3°. et où sont les sons articulés et les sons inarticulés ; il faut absolument que l'enfant fasse voir sur le bureau tout ce qu'il dit, et que l'action de montrer accompagne la parole. Au bureau typographique, j'excite l'amour-propre de mes élèves en les faisant reprendre les uns par les autres. Celui qui a repris un ou plusieurs de ses camarades, leur porte la main sur ce qu'ils n'ont pas bien lu, et les aide, les uns après les autres, à désigner eux-mêmes le mot, la syllabe articulée et la syllabe inarticulée qu'ils n'ont pas su lire ; il les leur fait voir d'un air de contentement ; ce qui couvre de confusion celui qui a mal dit, et l'excite à prêter de plus en plus attention lorsque le maître lit, ou lorsque ses camarades répondent aux questions ; son émulation est excitée, soit pour avoir l'honneur de reprendre celui qui ne sait pas, soit par la crainte de perdre sa place, soit pour s'éviter l'humiliation d'être repris par son camarade, ou la honte d'être conduit par son condisciple au bureau typographique, et de lui confier sa main pour qu'il la lui porte sur ce qu'il n'a pas su lire.

Quand les élèves composent en mots entiers au bureau typographique, si celui qui lit se trompe en lisant un mot quelconque, il faut, pour lui apprendre ce même mot, le lui faire articuler, et avoir bien soin que, soit au bureau typographique, soit lorsqu'il lit sur un tableau d'histoire, ou à part dans un livre, il montre ou désigne avec une touche qu'il doit avoir dans ses mains, non-seulement les mots en lisant, mais encore les syllabes ou sons articulés des mots qu'il lirait mal ou ne saurait pas lire. Par exemple, je suppose le mot *microscope ;* l'enfant n'ayant pas pu lire ce mot, on le lui fera dire en sons articulés, ainsi qu'il suit : *i, m-i; o, cr-o; o, sc-o; e p-e, m-i cr-o sc-o p-e.* Il montrera chaque division du mot avec sa petite touche; il dira à la première syllabe le son *i* en le touchant; il reviendra sous l'articulation *m;* et, en promenant sa touche lentement de cette articulation au son *i*, il prononcera ou articulera lentement la syllabe *m-i;* il fera le même exercice sur les autres sons et articulations du mot, etc. Cette action grave dans la mémoire de l'enfant les mots, les syllabes, les sons et articulations qui composent un mot, lui donne une idée parfaite du mécanisme des mots, et de tout ce qu'il ne savait pas lire, comme de tout ce qu'il avait mal lu.

J'ajouterai une dernière réflexion à l'égard de l'exercice d'écriture. Les élèves en écrivant gravent de plus en plus dans leur mémoire les syllabes, les sons inarticulés et ceux articulés; en outre, si, en faisant écrire les élèves, on les excite à tracer les mêmes mots qu'ils lisent ou qu'ils ont lu sur les tableaux, si on a le plus grand soin de placer devant eux le dessin, les mots imprimés en écriture cursive et ceux divisés en caractères d'impression, on les avancera grandement; car l'écriture aide de beaucoup la lecture. Jusqu'à présent je n'ai pu me servir de ce moyen : je ne le pourrai que lorsque mon ouvrage sera imprimé : j'espère alors doubler l'attention, l'émulation et les progrès de mes élèves.

Il faut avoir grand soin de ne leur faire écrire que les

mots qui seront sur les tableaux qu'ils liront ou qu'ils auront lus dans la même séance.

Mes livres d'histoire entre les mains des élèves produiront un meilleur effet que les tableaux sur lesquels seraient collées ces mêmes histoires, parce que l'élève aurait la main occupée à tenir son livre; parce qu'il aurait sous les yeux et plus près de lui ce qu'il doit lire, sans que personne le lui désigne; parce qu'il portera bien plus d'attention pour écouter celui qui lit; parce qu'au cercle son émulation sera excitée, soit à bien lire, soit à bien prononcer; en outre, le maître pourra, avec plus de facilité, lui enseigner le ton à prendre et les inflexions de voix à donner en lisant des phrases suivies, que s'il ne faisait lire qu'un seul élève à la fois; car l'élève étant repris lorsqu'il lit mal, tous ceux du cercle en profitent et se corrigent plus aisément. Il est plus facile à un maître d'enseigner, par ce moyen, plusieurs élèves à la fois, que d'enseigner une seule personne en particulier. Plusieurs élèves ensemble prêtent plus d'attention, leur émulation est grandement stimulée, ils apprennent enfin à bien lire, et à faire sentir ce qu'ils lisent.

J'ai composé un syllabaire qui formera la troisième partie de cet ouvrage; il a été rédigé de manière à enseigner la prononciation et la lecture de tous les mots, de toutes les syllabes formées seulement des sons sans articulations, de celles formées de sons articulés, des mots divisés en syllabes, et des syllabes articulées d'après ma méthode. J'emploie ce nouveau syllabaire dans les exercices du bureau typographique. J'ajouterai ici que l'on pourra employer les mêmes moyens pour enseigner à parler, à écrire et à lire les langues étrangères, que ceux que j'emploie pour enseigner, soit à un étranger, soit à un Français, à parler, à écrire et à lire la langue française; les dessins dont je me servirais seraient analogues aux mots, aux syllabes, aux sons et aux articulations de chaque langue.

Je suis persuadé que si l'histoire des objets figurés dans mes soixante-quatre dessins était traduite en anglais, que si elle était imprimée ou écrite, soit en sons articulés, soit en syllabes, suivant la division propre à la prononciation exacte de cette langue, soit en mots entiers, elle serait suffisante pour bien faire lire, écrire et prononcer l'anglais, pour donner tout au moins la connaissance du langage familier : ce serait enseigner et apprendre l'anglais par des moyens sûrs, faciles et agréables, et extraordinairement expéditifs. Je commencerai mon expérience par des tableaux qui n'auront que les figures et le nom de la chose dessinée. Quand la prononciation de ces noms, soit en mots entiers, soit en syllabes, soit en sons articulés, sera bien connue, on passera à l'histoire. J'en ferai l'essai cet hiver; si la chose réussit, comme il n'y a pas de doute, je ferai imprimer ce nouvel ouvrage, accompagné d'une traduction interlinéaire, sans déconstruction de l'anglais.

Avec cette manière d'enseigner les prolégomènes de chaque langue, on acquerra bien vite et avec une grande facilité la prononciation et l'orthographe d'usage, et on se familiarisera aisément avec toutes les diffiultés qui sont si multipliées, si abstraites, si ennuyeuses dans toutes les langues parlées et écrites.

Tel est le point où j'ai porté ma méthode par suite d'expériences journalières; je ne pense pas qu'il y ait quelque chose à changer. Je crois avoir tiré tout le parti possible de ma nouvelle découvrte; cependant, je recevrai avec reconnaissance toutes les objecions qui pourraient m'aider à mieux faire. Je ne négligerai donc rien pour me rendre de plus en plus utile à mes concitoyens : heureux si je puis y parvenir!

FIN DE LA PREMIÈRE PARTIE.

Nota. Les deux premières parties de cet ouvrage étant assez considérables, je ne ferai point imprimer, quant à présent, le syllabaire, devant en former la troisième; il en sera de même de la quatrième. Ces deux parties s'imprimeront incessamment. Je vais seulement donner une idée de mon syllabaire.

J'invite ceux qui voudront enseigner d'après ma méthode, de faire exercer leur élève ou leurs élèves, au bureau typographique, sur chaque consonne simple ou double, ou triple, etc., articulées avec toutes les voyelles ou sons simples, doubles, etc., ces mêmes voyelles ou sons suivis ou non à droite d'une ou de plusieurs consonnes; mais il faut avoir attention de ne faire ces exercices que sur des mots entiers, mais jamais sur des syllabes, n'ayant aucune signification.

Par exemple, on exercera sur la consonne *p* seule ou jointe avec d'autres consonnes s'articulant avec les seize sons simples *a*, *â*, *é*, *è*, *ê*, etc., ou avec tous les sons composés, *au*, *ou*, *on*, *in*, *ar*, *or*, *ur*, *ent*, *ant*, *ain*, etc., etc.

Paillasse, pa illa sse, p-a ill-a ss-e. Pâtre, pâ tre, p-â tr-e. Pelage, pe la ge, p-e l-a g-e. Pédantisme, pé dan ti sme, p-é d-an t-i sm-e. Pêcheur, pê cheur, p-ê ch-eur, pè, etc. Picotement, pi co te ment, p-i c-o t-e m-ent. Poche, po che, p-o ch-e, pô, etc. Pubescence, pu bè scen ce, p-u b-è sc-en c-e, pû, etc., pæ, etc. Pairie, pai rie, p-ai r-ie. Paon, p-aon. Paupière, pau pi è re, p-au p-i è r-e. Peigne, pei gne, p-ei gn-e. Peuplier, peu pli er, p-eu pl-i er. Peaussier, peau ssi er, p-eau ss-i er, etc. Paction, pac ti on, p-ac t-i on. Palmiste, pal mi ste, p-al m-i st-e. Pamphlet, pam phlet, p-am phl-et. Pantoufle, pan tou fle, p-an t-ou fl-e. Parlement, par le ment, p-ar l-e m-ent. Plagiaire, pla gi ai re, pl-a g-i ai r-e, etc., etc., etc.

agneau bêlant.

a gneau bê lant.

a gn-eau b-ê l-ant.

âne jeune.

â ne jeu ne.

â n-e j-eu n-e.

agneau bêlant.

a gneau bê lant.

a g-neau b-ê l-ant.

âne jeune.

â ne jeu ne.

â n -e j-eu n-e.

écureuil alerte.

é cu reuil a ler te.

é c–u r–euil a l–er t–e.

éléphant spirituel.

é lé phant spi ri tu el.

é l–é ph–ant sp–i r–i t–u el.

écureuil alerte.

é cu reuil a ler te.

é c-u r-euil a l-er t-e.

éléphant spirituel.

é lé phant spi ri tu el.

é l-é ph-ant sp-i r-i t-u el.

ibet allongé.

i bet a llon gé.

i b-et a ll-on g-é.

oranger fleuri.

o ran ger fleu ri.

o r-an g-er fl-eu r-i.

ibet allongé.

i bet a llon gé.

i b-et a ll-on g-é.

oranger fleuri.

o ran ger fleu ri.

o r-an g-er fl-eu r-i.

aigle sur un hêtre.

ai gle sur un hê tre.

ai gl-e s-ur un h-ê tr-e.

autruche élevée.

au tru che é le vée.

au tr-u ch-e é l-e v-ée.

aigle sur un hêtre.

ai gle sur un hê tre.

ai gl-e s-ur un h-ê tr-e.

autruche élevée.

au tru che é le vée.

au tr-u ch-e é l-e v-ée.

outarde belle.

ou tar de bè lle.

ou t–ar d–e b–è ll–e.

oie sauvage.

oie sau va ge.

oie s–au v–a g–e.

outarde belle.

ou tar de bè lle.

ou t-ar d-e b-è ll-e.

oie sauvage.

oie sau va ge.

oie s-au v-a g-e.

urson femelle.

ur son fe mè lle.

ur s–on f-e m–è ll–e.

bœuf mugissant.

bœuf mu gi ssant.

b–œuf m-u g-i ss-ant.

urson femelle.

ur son fe mè lle.

ur s–on f–e m–è ll–e.

bœuf mugissant.

bœuf mu gi ssant.

b–œuf m–u g–i ss–ant.

blaireau guettant.

blai reau guet tant.

bl-ai r-eau gu-et t-ant.

caille marchant.

ca ille mar chant.

c-a ill-e m-ar ch-ant.

blaireau guettant.

blai reau guet tant.

bl–ai r–eau gu–et t–ant.

caille marchant.

ca ille mar chant.

c–a ill–e m–ar ch–ant.

caméléon à l'arbre.

ca mé lé on à l'ar bre.

c–a m–é l–é on à l'–ar br–e.

cygne nageant.

cy gne na geant.

c–y gn–e n–a g–eant.

caméléon à l'arbre.

ca mé lé on à l'ar bre.

c-a m-é l-é on à l'-ar br-e.

cygne nageant.

cy gne na geant.

c-y gn-e n-à g-eant.

coing délicieux.

coing dé li ci eux.

c–oing d–é l–i c–i eux.

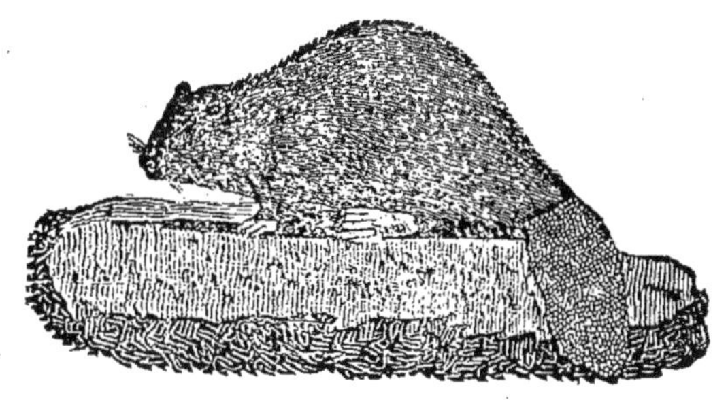

castor architecte.

ca stor ar chi tec te.

c–a st–or ar ch–i t–ec te.

coing délicieux.

coing dé li ci eux.

c–oing d–é l–i c–i eux.

castor architecte.

ca stor ar chi tec te.

c–a st–or ar ch–i t–ec t–e.

dromadaire adolescent.

dro ma dai re a do lè scent.

dr-o m-a d-ai r-e a d-o l-è sc-ent.

furet en repos.

fu ret en re pos.

f-u r-et en r-e p-os.

dromadaire adolescent.

dro ma dai re a do lè scent.

dr-o m-a d-ai r-e a d-o l-è sc-ent.

furet en repos.

fu ret en re pos.

f-u r-et en r-e p-os.

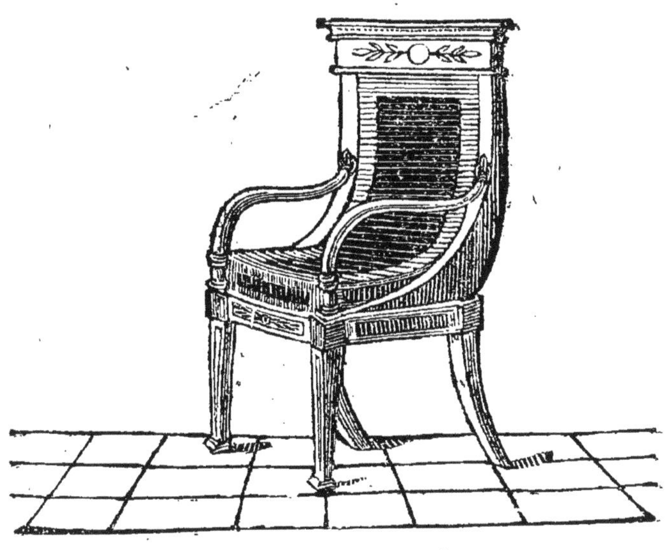

fauteuil riche.

fau teuil ri che.

f–au t–euil r–i ch–e.

fourmilier guettant.

four mi li er guet tant.

f–our m–i l–i er gu–et t–ant.

fauteuil riche.

fau teuil ri che.

f–au t–euil r–i ch–e.

fourmilier guettant.

four mi li er guet tant.

f-our m-i l-i er gu-et t-ant.

gnou superbe.

gnou su per be.

gn–ou s–u p–er b–e.

giraffe étonnante.

gi ra ffe é to nnan te.

g-i r–a ff–e é t-o nn–an t-e.

gnou superbe.

gnou su per be.

gn–ou s–u p–er b–e.

giraffe étonnante.

gi ra ffe é to nnan te.

g–i r–a ff–e é t–o nn–an t–e.

gerboise droite.

ger boi se droi te.

g–er b–oi s–e dr–oi t–e.

grenouille coaſsant.

gre nou ille coa ssant.

gr–e n–ou ill–e c–oa ss–ant.

gerboise droite.

ger boi se droi te.

g–er b–oi s–e dr–oi t-e.

grenouille coassant.

gre nou ille coa ssant.

gr–e n–ou ill–e c–oa ss–ant.

geai parlant.

geai par lant.

g–eai p–ar l–ant.

hippopotame regardant.

hi ppo po ta me re gar dant.

h-i pp-o p-o t-a m-e r-e g-ar d-ant.

geai parlant.

geai par lant.

g–eai p–ar l-ant.

hippopotame regardant.

hi ppo po ta me re gar dant.

h-i pp-o p-o t-a m-e r-e g-ar d-ant.

homme indien.

ho mme in di en.

h–o mm–e in d–i en.

hyène farouche.

hy è ne fa rou che.

h–y è n–e f–a r–ou ch–e.

homme indien.

ho mme in di en.

h-o mm-e in d-i en.

hyène farouche.

hy è ne fa rou che.

h-y è n-e f-a r-ou ch-e.

jaguard carnassier.

ja gu ard car na ssi er.

j-a g-u ard c-ar n-a ss-i er.

kabassou tatou.

ka ba ssou ta tou.

k-a b-a ss-ou t-a t-ou.

jaguard carnassier.

ja gu ard car na ssi er.

j-a g-u ard c-ar n-a ss-i er.

kabassou tatou.

ka ba ssou ta tou.

k-a b-a ss-ou t-a t-ou.

loutre marine.

lou tre ma ri ne.

l–ou tr–e m–a r–i n–e.

lièvre léger.

li è vre lé ger.

l–i è vr–e l–é g–er.

loutre marine.

lou tre ma ri ne.

l–ou tr–e m–a r–i n–e.

lièvre léger.

li è vre lé ger.

l–i è vr–e l–é g–er.

loup affamé.

loup a ffa mé.

l-oup a ff-a m-é.

lion rugissant.

li on ru gi ssant.

l-i on r-u g-i ss-ant.

loup affamé.

loup a ffa mé.

l-oup a ff-a m-é.

lion rugissant.

li on ru gi ssant.

l-i on r-u g-i ss-ant.

nilgaut ruminant.

nil gaut ru mi nant.

n–il g–aut r–u m–i n–ant.

nègre fumant.

nè gre fu mant.

n–è gr–e f–u m–ant.

nilgaut ruminant.

nil gaut ru mi nant.

n-il g-aut r-u m-i n-ant.

nègre fumant.

nè gre fu mant.

n-è gr-e f-u m-ant.

marmotte savoyarde.

mar mot te sa vo yar de.

m-ar m-ot t-e s-a v-o y-ar d-e.

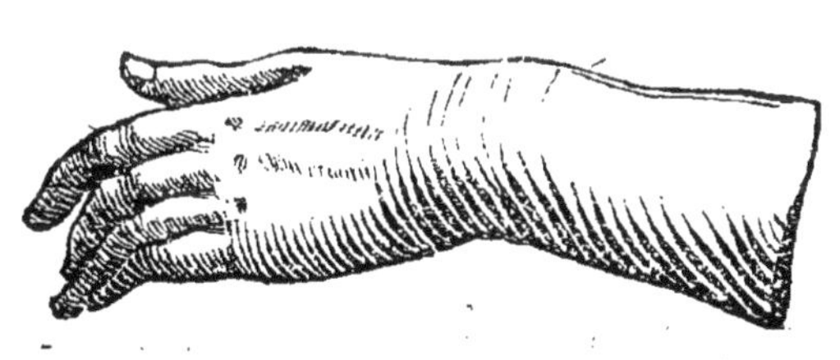

main vigoureuse.

main vi gou reu se.

m-ain v-i g-ou r-eu s-e.

marmotte savoyarde.

mar mot te sa vo yar de.

m-ar m-ot t-e s-a v-o y-ar d-e.

main vigoureuse.

main vi gou reu se.

m-ain v-i g-ou r-eu s-e.

pélican pêcheur.

pé li can pê cheur.

p-é l-i c-an p-ê ch-eur.

paresseux cheminant.

pa res seux che mi nant.

p-a r-es s-eux ch-e m-i n-ant.

pélican pêcheur.

pé li can pê cheur.

p–é l–i c–an p–ê ch–eur.

paresseux cheminant.

pa res seux che mi nant.

p–a r–es s–eux ch–e m–i n–ant.

porc-épic hérissé.

porc é pic hé ri ssé.

p–orc é p–ic h–é r–i ss–é

panthère monstrueuse.

pan thè re mon stru eu se.

p-an th–è r-e m-on str–u eu s–e.

porc-épic hérissé.

porc é pic hé ri ssé.

p-orc é p-ic h-é r-i ss-é.

panthère monstrueuse.

pan thè re mon stru eu se.

p-an th-è r-e m-on str-u eu s-e.

quinquajou apprivoisé.

quin qua jou a ppri voi sé.

u–in qu–a j–ou a ppr–i vo–i s–é.

renard rusé.

re nard ru sé.

r–e n–ard r–u s–é.

quinquajou apprivoisé.

quin qua jou a ppri voi sé.

qu–in qu–a j–ou a ppr–i v–oi s–é.

renard rusé.

re nard ru sé.

r–e n–ard r–u s–é.

rhinocéros blessé.

rhi no cé ros bles sé.

rh–i n–o c–é r–os bl–es s–é.

sanglier en fureur.

san gli er en fu reur.

s–an gl–i er en f–u r–eur.

rhinocéros blessé.

rhi no cé ros bles sé.

rh-i n-o c-é r-os bl-es s-é.

sanglier en fureur.

san gli er en fu reur.

s-an gl-i er en f-u r-eur.

tigre d'afrique.

ti gre d'a fri que.

t–i gr–e d'–a fr–i qu–e.

tapir à trompe.

ta pir à trom pe.

t-a p-ir à tr–om p-e.

tigre d'afrique.

ti gre d'a fri que.

t-i gr-e d'-a fr-i qu-e.

tapir à trompe.

ta pir à trom pe.

t-a p-ir à tr-om p-e.

tortue terrestre.

tor tue ter rè stre.

t-or t-ue t-er r-è str-e.

vigogne, pacos à soie.

vi go gne, pa cos à soie.

v-i g-o gn-e, p-a c-os à s-oie.

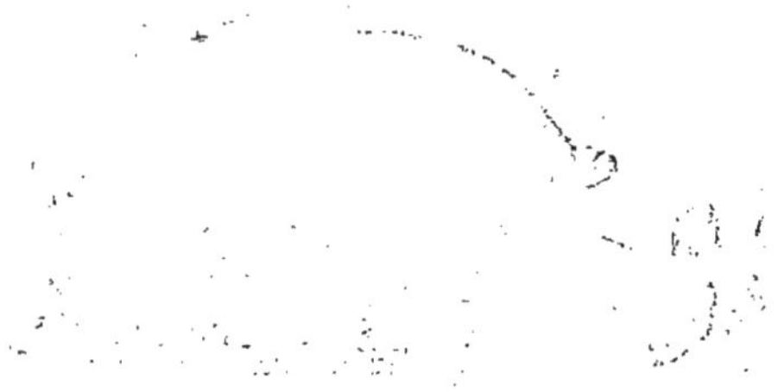

tortue terrestre.

tor tue ter rè stre.

t–or t–ue t–er r–è str–e.

vigogne, pacos à soie.

vi go gne, pa cos à soie.

v–i g–o gn–e, p–a c–os à s–oie.

xé, cerf de la chine.

xé, cerf de la chi ne.

x-é, c-erf d-e l-a ch-i n-e.

zébu à bosse.

zé bu à bo sse.

z-é b-u à b-o ss-e

xé, cerf de la chine.

xé, cerf de la chi ne.

x-é, c-erf d-e l-a ch-i n-e.

zébu à bosse.

zé bu à bo sse.

z-é b-u à b-o ss-e.

zèbre rayé.

zè bre rai ié.

z-è br-e r-ai ié.

yarque singe.

y ar que sin ge.

y ar qu-e s-in g-e.

zèbre rayé.

zè bre rai ié.

z–è br–e r–ai ié.

yarque singe.

y ar que sin ge.

y ar qu–e s–in g–e.

ichneumon destructeur.

ich neu mon dè struc teur.
ich n–eu m–on d–è str–uc t–eur.

cheval au galop.

che val au ga lop.
ch–e v–al au g–a l–op.

ichneumon destructeur.

ich neu mon dè struc teur.

ich n-eu m-on d-è str-uc t-eur.

cheval au galop.

che val au ga lop.

ch-e v-al au g-a l-op.

chien dogue.

chi en do gue.

ch-i en d–o gu–e.

chamois des alpes.

cha mois des al pes.

ch-a m–ois d–es al p–es.

chien dogue.

chi en do gue.

ch–i en d-o gu–e.

chamois des alpes.

cha mois des al pes.

ch–a m–ois d–es al p–es.

chat d'espagne.

chat d'è spa gne.

ch-at d'-è sp-a gn-e.

ours marron.

ours mar ron.

ours m-ar r-on.

chat d'espagne.

chat d'è spa gne.

ch–at d'–è sp–a gn–e.

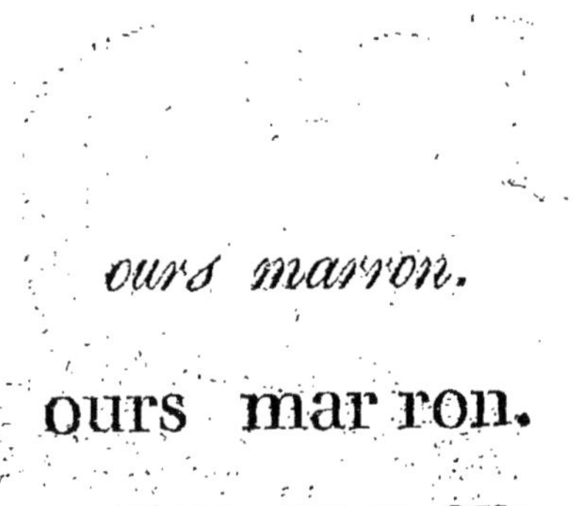

ours marron.

ours mar ron.

ours m–ar r–on.

phénix, oiseau unique.

phé nix, oi seau u ni que.

ph-é n-ix, oi s-eau u n-i qu-e.

phoque obéissant.

pho que o bé i ssant.

ph-o qu-e o b-é i ss-ant.

phénix, oiseau unique.

phé nix, oi seau u ni que.

ph-é n-ix, oi s-eau u n-i qu-e.

phoque obéissant.

pho que o bé i ssant.

ph-o qu-e o b-é i ss-ant.

HISTOIRE

DES ANIMAUX.

L'ANE.

L'-â n-e est un qu-a dr-u p-è d-e tr-ès u t-i l-e à l'h-o mm-e. C-et a n-i m-al est r-o bu ste, tr-ès p-a t-i ent et tr-ès-s-o br-e, u n-e p-oi gn-ée d'-or t-ies ou d-e ch-ar d-ons l-ui s-u ff-it p-our s-a n-ou rr-i t-u r-e ; il p-or t-e d-es ſ-ar d-eaux a ss-ez c-on s-i d-é r-a bl-es. L'-on en v-oit d-e tr-ès gr-os. L'â-n e est u n-e m-on t-u r-e tr-ès-d-ou c-e, il v-it v-ingt à v-ingt-c-inq ans;

l-a f-e m-è ll-e p-or t-e d-ou z-e m-ois. L-e l-ait d'-â n-es s-e est d-un ex c-è ll-ent u s-a g-e p-our l-es p-er s-o nn-es a tt-a qu-ées d-es m-a l-a d-ies d-e p-oi tr-i n-e. D-e l-a p-eau d-e l'â n-e on f-ait d-es t-am b-ours et d-u p-ar ch-e m-in. D-e l'-a cc-ou pl-e m-ent d-e l'-â n-e a v-ec l-a j-u m-ent v-i ent un a n-im-al qu-e n-ous n-o mm-ons m-u l-et ; il est tr-ès è st-i m-é, et b-eau c-oup pl-us f-ort qu-e l-e ch-e v-al; il est d'-un n-a t-u r-el en t-ê t-é, m-é ch-ant et d-an g-e r-eux ; il s-e r-a pp-è ll-e l-ong t-emps d-es m-au v-ais tr-ai t-e m-ens qu-il a r-e ç-us, et s'-en v-en g-e au m-o m-ent qu-on s'y a tt-end l-e m-oins.

L'â ne est un qua dru pè de très u ti le à l'ho mme Cet a ni mal est ro bu ste, très pa ti ent et très-so bre : u ne poi gnée d'or ties ou de char dons lui su ffit pour sa nou rri tu re; il por te des far deaux a ssez con si dé ra bles : l'on en voit de très gros. L'â ne est est u ne mon tu re très dou ce ; il vit vingt à vingt cinq ans; la fe mè lle por te dou ze mois. Le lait d'â nes se est d'un ex cè llent u sa ge pour les per so nnes a tta quées des ma la dies de poi tri ne. De la peau de l'â ne on fait des tam bours et du par che min. De l'a ccou ple ment de l'â ne a vec la ju ment vi ent un a ni mal que nous no mm ons mu let ; il est très è sti mé, et beau coup plus fort que le che val ; il est d'un na tu rel en tê té, mé chant et dan ge reux; il se ra ppè lle long temps des mau vais trai te mens qu'il a re çus, et s'en ven ge au mo ment qu'on s'y a ttend le moins.

L'âne est un quadrupède très-utile à l'homme. Cet animal est robuste, très-patient et très-sobre : une poignée d'orties ou de chardons lui suffit pour sa nourriture ; il porte des fardeaux assez considérables. L'on en voit de très-gros, et d'une belle taille. L'âne est une monture très-douce ; il vit vingt à vingt-cinq ans ; la femelle porte douze mois. Le lait d'ânesse est d'un excellent usage pour les personnes attaquées des maladies de poitrine. De la peau de l'âne on fait des tambours et du parchemin. De l'accouplement de l'âne avec la jument vient un animal que nous nommons mulet ; il est très-estimé, et beaucoup plus fort que le cheval ; il est d'un naturel entêté, méchant et dangereux ; il se rappelle long-temps des mauvais traitemens qu'il a reçus, et s'en venge au moment qu'on s'y attend le moins.

L'ECUREUIL.

L'-é c-u r-euil est d-u n-om br-e d-es a n-i m-aux r-on g-eurs ; c'-est un f-ort j-o li p-e t-it a n-i m-al, v-if et a l-er t-e, qu-e b-eau c-oup d-e p-er s-o nn-es ai m-ent à c-au se d-e s-es p-e t-i t-es g-en t-i ill-es s-es : on l-e tr-ou v-e d-ans t-ou t-es l-es c-on tr-ées d-e l'-Eu r-o p-e. Il s-e n-ou rr-it d-e gr-ai n-es d-e fr-uits, t-els qu-e n-oi s-et t-es, f-aî n-es, gl-ands : il c-on str-uit s-on n-id au h-aut d-es ar-br-es, a v-ec b-eau c-oup d'a dr-e ss-e et d'-in t-è ll-i g-en ce. S-on n-id est f-or m-é d-e p-e t-i t-es br-an ch es v-oû t-ées en d-e ss-us p-our f-ai r-e c-ou l-er l-es eaux ; il est au ss-i t-a p-iss-é en d-e d-ans a v-ec de l-a m-ou ss-e. L-a f-e m-è ll-e m-et b-as tr-ois à qu-a tr-e p-e t-its au c-o mm-en c-e m-ent d-u pr-in t-emps. L'-é c-u r-euil s-au t-e a v-ec t-ant d-e l-é g-è r-e t-é d-e br-an ch-es en br-an ch-es, et m-ê m-e d'-ar br-e en ar br-e, qu-e l'on d-i r-ait qu'il a d-es ai l-es.

L'é cu reuil est du nom bre des a ni maux ron geurs ; c'est un fort jo li pe tit a ni mal, v if et a ler te que beau coup de per son nes ai ment à cau se de ses pe ti tes gen ti illes ses : on le trou ve dans tou tes les con trées de l'Eu ro pe ; il se nou rrit de grai nes, de fruits, tels que noi set tes, faî nes, glands : il con struit son nid au haut des ar bres a vec beau coup d'a dres se et d'in tè lli gen ce. Son nid est for mé de pe ti tes bran ches voû tées en de ssus pour fai re cou ler les eaux ; il est au ssi ta pi ssé en de dans a vec de la mou sse. La fe mè lle met bas trois, qua tre pe tits au co mmen ce ment du prin temps. L'é cu reuil sau te a vec tant de lé gè re té de bran ches en bran ches, et mê me d'ar bre en ar bre, que l'on di rait qu'il a des ai les.

L'écureuil est du nombre des animaux rongeurs,

c'est un fort joli petit animal, vif et alerte, que beaucoup de personnes aiment à cause de ses petites gentillesses ; on le trouve dans toutes les contrées de l'Europe ; il se nourrit de graines, de fruits, tels que noisettes, faînes, glands. Il construit son nid au haut des arbres avec beaucoup d'adresse et d'intelligence. Son nid est formé de petites branches voûtées en dessus pour faire couler les eaux ; il est aussi tapissé en dedans avec de la mousse. La femelle met bas trois à quatre petits, au commencement du printemps. L'écureuil saute avec tant de l'égèreté de branche en branche, et même d'arbre en d'arbre, que l'on dirait qu'il a des ailes.

LE DROMADAIRE.

L-e dr-o m-a d-ai r-e et l-e ch-a m-eau s-ont d-es a n-i m-aux à p-eu p-eu pr-ès d-e m-ê m-e è spè-c-e. L-e pr-e m-i er n'-a qu-u n-e b-o ss-e ; l-e d-eu x-i è m-e en a d-eux. On l-es tr-ou v-e en A s-ie et en A fr-i qu-e ; ils ont l-e p-oil gr-is , qu-el qu-e f-ois br-un et bl-anc ; ils m-an gent d-es or t-ies , d-es ch-ar d-ons et t-ou t-es s-or t-es d-e r-on c-es ; ils v-i v-ent qu-a r-an t-e à c-in qu-an t-e ans. Ils m-ul t-i pl-ient tr-ès b-i en en s-em bl-e ; et qu-oi qu-e t-ous l-es a n-i m-aux d-es p-ai is ch-auds n-e pr-o d-ui s-ent p-lus au ssi-t-ôt qu'-ils s-ont tr-an sp-or t-és d-ans d-es l-ieux fr-oids ou t-em p-é r-és , c-e p-en d-ant on a v-u d-er n-i è r-e m-ent à P-a r-is un dr-o m-a d-ai r-e f-e m-è lle m-et tre bâs un p-e t-it ch-a m-eau. C-es a n-i m-aux p-eu v-ent s-u pp-or t-er l-a f-aim et l-a s-oif c-inq , s-ix j-ours ; ils r-u m-i n-ent c-o mm-e l-e b-œu-f : ils ont p-ar c-on s-é qu-ent, c-o mm-e c-e d-er n-i er , qu-a tr-e è st-o m-acs ; m-ais ils en ont un c-in qu-i è m-e qu-i l-eur s-ert d-e r-é s-er v-oir p-our u n-e pr-o v-i s-ion d'-eau d-e h-uit j-ours : è ll-e s'y c-on s-er v-e l-im p-i d-e , s-ans m-é l-an g-e , et m-ê m-e p-o t-a bl-e , c-e d-ont on s'-est c-on v-ain c-u p-ar ex p-é rien c-e , en t-u ant un d-e c-es an-i m-aux. Ils p-or t-ent u-ne ch-ar g-e d-e qu-a t-or z-e à qu-inz-e c-ents l-i vr-es , et p-eu v-ent f-ai r-e tr-en t-e l-i eues p-ar j-our. L-es f-e m-è ll-es m-et t-ent bâs un s-eul p-e t-it t-ous l-es d-eux ans , et d-o nn-ent un l-ait tr-ès-s-a l-u t-ai r-e , qui e x-emp t-e d-e pl-u s-i eurs m-a l-a d-ies d-e p-eau , t-è ll-e qu-e d-e l-a l-è pr-e , d-es d-ar tr-es , d-e l-a g-a l-e. L-a ch-air d-e c-es qu-a dr-u p-è d-es est a ss-ez b-o nn-e.

Le dro ma dai re et le cham eau sont des a ni maux à peu près de mê me è spè ce ; le pre mier n'a qu'u ne bo sse, le deu xiè me en a deux : on les trou ve en Asie et en Afri que ; ils ont le poil gris, quel que fois brun et blanc ; ils man gent des or ties, des char dons et tou tes sor tes de ron ces; ils vi vent qua ran te à cin quan te ans. Ils mul ti plient très-bien en sem ble ; et quoi que tous les a ni maux des pai is chauds ne pro dui sent plus au ssi tôt qu'ils sont tran spor tés dans les li eux froids ou tem pé rés, ce pen dant on a vu der niè re ment à Pa ris un dro ma dai re fe mè lle met tre bas un pe tit cha meau. Ces a ni maux peu vent su ppor ter la faim et la soif cinq à six jours ; ils ru mi nent co mme le bœuf; ils ont par con sé quent, co mme ce der ni er, qua tre è sto macs ; mais ils en ont un cin qui è me qui leur sert de ré ser voir pour u ne pro vi si on d'eau, de huit jours : è lle s'y con ser ve lim pi de, sans mé lan ge, et mê me po ta ble, ce dont on s'est con vain cu par ex pé ri en ce, en tu ant un de ces a ni maux. Ils por tent u ne char ge de qua tor ze à quin ze cents li vres, et peu vent fai re tren te li eues par jour. Les fe mè lles, met tent bas un seul pe tit tous les deux ans, et do nnent un lait très-sa lu tai re, qui è xemp te de plu si eurs ma la dies de peau, tè lle que de la lè pre, des dar tres, de la ga le. La chair de ces qua dru pè des est a ssez bo nne.

Le dromadaire et le chameau sont des animaux à peu près de même espèce; le premier n'a qu'une bosse, le deuxième en a deux : on les trouve en Asie et en Afrique ; ils ont le poil gris, quelquefois brun et blanc. Ils mangent des orties, des chardons et toutes sortes de ronces : ils vivent quarante à cinquante ans. Ils multiplient très-bien ensemble ; et quoique tous les animaux des pays chauds ne produisent plus aussitôt qu'ils sont transportés dans les lieux froids ou tempérés, cependant on a vu dernièrement à Paris un dromadaire femelle mettre bas un petit chameau. Ces animaux peuvent supporter la faim et la soif cinq à six jours ; ils ruminent comme le bœuf : ils ont, par conséquent, comme ce dernier, quatre estomacs ; mais ils en ont un cinquième qui leur sert de réservoir pour une provision d'eau de huit jours : elle s'y conserve limpide, sans mélange, même potable, ce dont on s'est convaincu par expérience, en tuant un de ces animaux. Ils portent une charge de quatorze à quinze cents livres, et peuvent faire trente lieues par jour. Les femelles, qui mettent bas un seul petit tous les deux ans, donnent un lait très-salutaire qui exempte de plusieurs maladies de peau, telle que de la lèpre, des dartres, de la gale. La chair de ces quadrupèdes est assez bonne.

LE GNOU.

L-e Gn-ou, l-e pl-us b-el a n-i m-al c-o nn-u, s-e tr-ou v-e, d-it-on, d-ans l'-in t-é r-i eur d-e l'-A fr-i qu-e; il est r-e m-ar qu-a bl-e p-ar s-a str-uc t-u r-e é l-é g-an t-e : l-a b-eau t-é d-e s-es f-or m-es l-e f-ont d-i st-in gu-er a v-an t-a g-eu s-e m-ent en tr-e l-es qu-a dr-u p-è d-es qui- s-ont s-ou m-is à l'h-o mm-e ; il p-o ss-è d-e au pl-us h-aut d-e gr-é c-e qu-e l-es au tr-es a n-i m-aux ont d-e m-i eux f-ait ; il p-or t-e u n-e gr-o ss-e qu-eue f-or m-ant un s-u p-er b-e f-ou et ; l-e c-ol or n-é d'-u n-e b-e ll-e cr-i n-iè r-e, l-ui d-o nn-e d-e l-a r-e ss-em bl-an c-e au ch-e v-al p-our l'-en c-o l-u r-e : il a l-es j-am b-es sv-el tes d-e l-a b-i ch-e, m-ais pl-us f-or t-es et pl-us m-u scl-ées ; il tient d-u b-œuf et d-u b-u ffl-e p-ar s-es p-i eds f-our ch-us, p-ar s-a m-a n-i è r-e d-e v-i vr-e : il n'-est p-oint au ss-i f-ort qu-e l-e b-u ffle; m-ais on l-e d-it au ss-i m-é ch-ant, au ss-i f-a r-ou ch-e; il est tr-ès d-i ff-ic-i l-e à a ppr-i v-oi s-er; s-i l'-on p-ar v-i ent c-e p-en d-ant à l-e r-en dr-e d-o c-i l-e, c-o mm-e il est tr-ès v-i g-ou r-eux, tr-ès a l-er t-e, il f-ait a l-ors l'-ou vr-a g-e d-e d-eux b-œufs. On l-e n-ou rr-it d-e f-oin, d-e p-a ill-e, d'h-er b-es, en f-in, d-e t-out c-e qu-e m-an g-e un ch-e v-al, un b-œuf. L-a f-e m-è ll-e d-o nn-e un l-ait tr-ès s-a l-u t-ai r-e et tr-ès a b-on d-ant, d-u qu-el on f-ait d-u b-eur r-e et d-u tr-ès b-on fr-o m-a g-e. L-a ch-a ss-e d-u Gn-ou est très d-i ff-i c-i l-e, et tr-ès d-an g-e r-eu s-e, t-ant à c-au s-e d-e s-a l-é g-è r-e t-é à l-a c-our s-e, qu-e d-e l-a f-u r-eur a v-eu gl-e d-ont il est p-o ss-é d-é, qu-and il est bl-es s-é : l-es n-è gr-es en f-ont l-a ch-a ss-e, pl-a c-és s-ur l-es ar br-es, d'-où ils l-e t-uent à c-oup d-e fl-è ch-es. S-a ch-air est m-è illeu r-e qu-e c-è ll-e d-u b-u ffl-e : s-a p-eau n'est p-oint au ss-i è st-i m-ée. Il a d-eux c-or n-es qu-i, pr-e n-ant n-ai ss-an c-e v-ers l-es o r-è ill-es; v-i è nn-ent en a v-ant h-o r-i s-on t-a l-e m-ent, r-e m-on t-ent en s-ui t-e p-er p-en d-i c-u l-ai r-e m-ent, p-our f-or m-er un é qu-er r-e p-ar f-ait.

Le Gnou est le plus bel a ni mal co nnu; il se trou ve, dit-on, dans l'in té ri eur de l'A fri que : il est re mar qua ble par sa struc tu re é lé gan te; la beau té de ses for mes, le fait di stin guer a van ta geu se ment en tre les qua dru pè des qui sont sou mis à l'ho mme : il po ssè de au plus haut de gré ce que les au tres a ni maux ont de mi eux fait; il por te u ne gros se queue for mant un su per be fou et ; son col or né d'u ne bè lle cri ni è re, lui do nne de la re ssem blan ce au che val pour l'en co lu re ; il a les jam bes svel tes de la bi che, mais plus for tes et plus mu sclées ; il tient du bœuf et du bu ffle par ses pieds four chus, par sa ma ni è re de vi vre ; il n'est point au ssi fort que le bu ffle, mais on le dit au ssi mé chant, au ssi fa rou che ; il est très di ffi ci le à a ppri voi ser ; si l'on par vient ce pen dant à le ren dre do ci le, co mme il est très vi gou reux, très a ler te ; il fait a lors l'ou vra ge de deux bœufs ; on le nou rrit de foin, de pa ille, d'her bes, en fin de tout ce que man ge un che val, un bœuf ; la fe mè lle do nne un lait très sa lu tai re et très a bon dant ; du quel on fait du beur re et de très bon fro ma ge. La cha sse du Gnou est très dif fi ci le et très-dan ge reu se ; tant à cau se de sa lé gè re té à la cour se, que de la fu reur a veu gle dont il est po ssé dé quand il est bles sé ; les nè gres en font la cha sse, pla cés sur des ar bres d'où ils le tuent à coup de flè ches. Sa chair est mè illeu re que cè lle du bu ffle, sa peau n'est point au ssi è sti mée ; il a deux cor nes qui pre nant nai ssan ce vers les o rè illes, vi è nnent en a vant ho ri son ta le ment, re mon tent en sui te per pen di cu lai re ment pour for mer un é quer re par fait.

Le Gnou est le plus bel animal connu ; ils se trouve, dit-on, dans l'intérieur de l'Afrique. Il est remarquable par sa structure élégante ; la beauté de ses formes, le fait distinguer avantageusement entre les quadrupèdes qui sont soumis à l'homme : il possède au plus haut degré ce que les autres animaux ont de mieux fait ; il porte une grosse queue formant un superbe fouet ; le col orné d'une belle crinière, lui donne de la ressemblance au cheval pour l'encolure ; il a les jambes sveltes de la biche, mais plus fortes et plus musclées ; il tient du bœuf et du buffle par ses pieds fourchus, par sa manière de vivre ; il n'est point aussi fort que le buffle, mais on le dit aussi méchant, aussi farouche ; il est très-difficile à apprivoiser : si l'on parvient cependant à le rendre docile, comme il est très-vigoureux, très-alerte, il fait alors l'ouvrage de deux bœufs. On le nourrit de foin, de paille, d'herbes, enfin de tout ce que mange un cheval, un bœuf ; la femelle donne un lait très-salutaire et très-abondant, duquel on fait du beurre et de très-bon fromage. La chasse du Gnou est très-difficile et très-dangereuse, tant à cause de sa légèreté à la course, que de la fureur aveugle dont il est possédé quand il est blessé ; les nègres en font la chasse, placés sur des arbres, d'où ils le tuent à coup de flèches. Sa chair est meilleure que celle du buffle, mais sa peau n'est point aussi estimée ; il a deux cornes qui, prenant naissance vers les oreilles, viennent en avant horisontalement, remontent ensuite perpendiculairement, pour former un équerre parfait.

LE LIÈVRE.

L-e l-i è vr-e est d'-u n-e c-ou l-eur t-e n-ant du gr-is et d-u j-au n-e; s-es y-eux s-ont gr-os, pl-a c-és à fl-eur d-e t-êt-e; l-a l-è vre s-u p-é r-i eu re est f-en d-ue, l-es m-u scl-es d-u n-ez s-ont c-o mm-e c-eux d-u l-a p-in, t-ou j-ours en m-ou ve m-ent, s-es m-ou st-a ch-es r-e ss-em bl-ent à c-è ll-es d-u ch-at; s-es o re-ill-es s-ont l-on gu-es; s-a qu-eue est c-our t-e, s-es p-a tt-es d-e d-e v-ant s-ont g-ar n-ies d-e c-inq d-oigts, c-è ll-es d-e d-er r-i è re n'en ont qu-e d-eux; s-a ch-air est un tr-ès b-on m-an g-er; on l-e tr-ou v-e d-ans t-ous l-es p-ai is : l-a f-e m-è ll-e m-et b-as d-ans l'-a nn-ée, en c-inq ou s-ix p-or t-é-es, s-ei ze à v-ingt p-e t-its, qu-i t-è t-ent p-en d-ant v-ingt j-ours, a pr-ès qu-oi ils ch-er ch-ent l-eur n-ou rr-i t-u r-e, c-ar l-a m-è r-e pl-ei n-e n-e p-eut pr-o l-on g-er s-es s-oins. L-e m-â le et l-a f-e m-è ll-e d-é v-o r-ent qu-el qu-e f-ois l-eurs p-ê t-its. C-et a n-i m-al s-e n-ou rr-it d-e pl-an t-es, d-e r-a c-i n-es, d-e gr-ains, d-e j-eu n-es p-ou ss-es d'-ar br-es, d'h-er b-es, d-e f-eu ill-a g-es; en h-i v-ers d'-é c-or c-es d'-ar br-es ; il s-e t-i ent à s-on g-î t-e l-e j-our, s-oit d-ans l-es j-ar d-ins, d-ans l-es ch-amps, s-oit d-ans l-es t-a illis, s-e c-ou ch-ant à pl-at v-en tr-e d-ans qu-el qu-es cr-eux ou b-ui ss-ons ; au ss-i t-ôt l-a n-uit v-e n-ue et s-ur t-out au cl-air d-e l-u n-e, ils a m-u s-ent s-in g-u l-i è r-e m-ent p-ar l-eur g-en t-i ill-es s-e et l-eurs s-auts, ils j-ouent en tr-e eux t-out en ch-er ch-ant à br-ou t-er. L-e l-i è vr-e est d-é f-i ant, il a l-e s-ens d-e l'-ou ïe tr-ès d-é l-i c-at, s-a c-our se est tr-ès r-a p-i d-e ; l-or s qu'-il en t-end l-a v-oix d-es ch-i ens, il m-on tr-e a l-ors un c-a r-ac t-è r-e r-u s-é, p-ar s-on a dr-es s-e, p-ar d-es s-auts pr-o d-i g-i eux, p-ar d-es d-é t-ours, il f-ait s-ou v-ent p-er dr-e s-a tr-a c-e au ch-i en le pl-us é x-er c-é, il s-e c-a ch-e j-u squ-e d-ans d-es tr-ou p-eaux d-e m-ou t-ons, tr-a v-er s-e é t-angs, r-ui ss-eaux, r-i v-i è r-es ; m-ais m-al gr-é t-ou t-es s-es r-u s-es, il n-e p-eut é ch-a pp-er à pl-u s-i eurs ch-i ens qu-i l-e p-our s-ui vr-aient d-ans u n-e d-é sc-en t-e ; p-ar c-e qu-e s-a c-our s-e est m-oins v-i v-e en d-è sc-en d-ant qu'-en m-on t-ant, à c-au s-e qu'il a l-es p-a tt-es d-e d-e v-ant b-eau c-oup pl-us c-our t-es qu-e c-è ll-es d-e d-er r-i è r-e.

Le Liè vre est d'u ne cou leur te nant du gris et du jau ne; ses yeux sont gros, pla cés à fleur de tê te, la lè vre su péri eu re est fen due, les mu scles du nez sont co mme ceux du la pin, tou jours en mou ve mens; ses mou sta ches re ssem blent à cè lles du chat; ses o rè illes sont lon gues, sa queue est cour te, ses pa ttes de de vant sont gar nies de cinq doigts, cè lles de der ri è re n'en ont que deux. La du rée de sa vie est d'en vi ron huit ans; sa chair est un très bon man ger, on le trou ve dans tous les pai is; la fe mè lle met bas dans l'a nnée en cinq ou six por tées, sei ze à vingt pe tits, qui tè tent pen dant vingt jours, a près quoi ils cher chent leur nou rri ture, car la mè re plei ne ne peut pro lon ger ses soins. Le mâ le et la fe mè lle dé vo rent quel que fois leurs petits. Cet a ni mal se nou rrit de plan tes, de ra ci nes, de grains, de jeu nes pous ses d'ar bres, d'her bes, de feu illa ges, et en hi ver d'é cor ces d'ar bres; il se tient à son gî te le jour, soit dans les jar dins, dans les champs, soit dans les ta illis, se cou chant à plat ven tre, dans quel que creux ou bui ssons; au ssi tôt la nuit ve nue et sur tout au clair de lu ne, ils a mu sent sin gu li è re ment par leur gen ti illes se et leurs sauts; ils jou ent en tre eux tout en cher chant à brou ter. Le li è vre est dé fi ant; il a le sens de l'ou ïe très dé li cat; sa cour se est très ra pi de, lors qu'il en tend la voix des chi ens, il mon tre a lors un ca rac tè re ru sé, par son a dres se par des sauts pro di gi eux, par des dé tours, il fait sou vent per dre sa tra ce au chi en le plus e xer cé; il se ca che ju sque dans des trou peaux de mou tons, tra ver se é tangs, rui sseaux, ri vi è res; mais mal gré tou tes ces ru ses il ne peut é cha pper à plu si eurs chi ens qui le pour sui vraient dans u ne dé-scen te, par ce que sa cour se est moins vi ve en dé-scen dant qu' en mon tant, à cau se qu' il a les pa ttes de de vant beau coup plus cour tes que cè lles de der ri è re.

Le lièvre est d'une couleur tenant du gris et du jaune; ses yeux sont gros, placés à fleur de tête; la lèvre supérieure est fendue; les muscles du nez sont comme ceux du lapin, toujours en mouvement; ses moustaches ressemblent à celles du chat; ses oreilles sont longues, sa queue est courte, ses pattes de devant sont garnies de cinq doigts, celles de derrière n'en ont que deux; la durée de sa vie est d'environ huit ans; sa chair est un très-bon manger: on le trouve dans tous les pays. La femelle met bas dans l'année, en cinq ou six portées, seize à vingt petits, qui tètent pendant vingt jours, après quoi ils cherchent leur nourriture, car la mère pleine ne peut prolonger ses soins. Le mâle et la femelle dévorent quelquefois leurs petits. Cet animal se nourrit de plantes, de racines, de graines, de jeunes pousses d'arbres, de feuillages, et en hiver d'écorces d'arbres. Il se tient à son gîte le jour, soit dans les jardins, soit dans les champs, soit dans les taillis, se couchant à plat ventre dans quelques creux ou buissons. Aussitôt la nuit venue, et sur-tout au clair de lune, ils amusent singulièrement par leur gentillesse et leurs sauts; ils jouent entre eux tout en cherchant à brouter. Le lièvre est défiant; il a le sens de l'ouïe très-délicat; sa course est très-rapide: lorsqu'il entend la voix des chiens, il montre alors un caractère rusé; par son adresse, par des sauts prodigieux, par des détours il fait souvent perdre sa trace au chien le plus exercé; il se cache jusque dans des troupeaux de moutons, traverse étangs, ruiseaux, rivières; mais malgré toutes ces ruses, il ne peut échapper à plusieurs chiens qui le poursuivraient dans une descente, parce que sa course est moins vive en descendant qu'en montant, à cause qu'il a les pattes de devant beaucoup plus courtes que celles de derrière.

LE FURET.

L-e F-u r-et a l-es y-eux r-ou g-es, s-on p-oil est d-e c-ou l-eur j-au n-e, il est bl-anc s-ous l-e v-en tr-e : c-e p-e t-it qu-a dr-u p-è d-e a l-e c-orps tr-ès a-l-on g-é, l-e m-u s-eau p-oin t-u, l-a t-ê t-e l-on gu-e; il é xh-a l-e u n-e tr-ès m-au v-ai s-e o d-eur; l-a f-e m-è ll-e d-on n-e d-eux p-or t-ées p-ar an, ch-a c-u n-e d-e c-inq ou s-ix p-e t-its. L-e ſ-u r-et n-ous v-i ent d-es p-ai is ch-auds, n-ous a v-ons s-u c-e p-en d-ant l'a ccl-i m-a t-er et l'a ppr-i v-oi s-er en Fr-an c-e p-our l-a ch-a ss-e d-u l-a p-in, d-ont il est l'-è nn-e m-i d-é cl-a r-é; on pr-end l-a pr-é c-au t-i on d-e l'em m-u s-e l-er p-ar c-e qu-e l'-on c-our r-ait l-e r-i squ-e d-e l-e p-er dr-e ain s-i qu-e l-e l-a p-in s-i l'-on l-e l-â ch-ait s-ans c-et t-e pr-é c-au t-i on, c-ar ou il d-é v-o r-e r-ait l-e l-a p-in ou il l-ui s-u c-e r-ait le s-ang, et s'-en d-or m-i r-ait à c-ô t-é d-e s-a pr-oie. L-e f-u r-et em m-u s-e l-é, on l-e l-â ch-e d-ans l-e t-er r-i er; on pl-a c-e un s-ac ou f-i l-o ch-e à l'-ou v-er t-u r-e ou em b-ou ch-u r-e d-e ch-a qu-e t-er r-i er en v-i r-o nn-ant. L-es l-a p-ins à l'-a ppr-o ch-e d-u f-u r-et pr-è nn-ent l-a f-ui t-e et v-i è nn-ent s-e r-en dr-e d-ans l-e s-ac; on r-e ç-oit d-e c-et t-e m-a n-i è r-e l-e l-a p-in et l-e f-u r-et. Av-ec un s-eul f-u r-et, on p-eut pr-en dr-e d-ans u n-e h-eu r-e, d-ix ou d-ou z-e l-a p-ins v-i v-ans. S-i l-e f-u r-et s-e d-é m-u s-e l-ait et s'en d-or m-ait, on n-e p-ou rr-ait l-e r-é v-è ill-er et l-e f-ai r-e s-or t-ir qu'en in tr-o d-ui s-ant d-e l-a f-u m-ée d-ans l-e t-er r-i er ou on l'-au r-ait l-â ch-é. L-a ch-air d-u f-u r-et, qu-i c-on t-i ent d-u s-el v-o l-a t-il en qu-an t-i t-é, est b-o nn-e c-on tr-e l-a m-or s-u r-e d-es s-er p-ens, ain s-i qu-e p-our r-é s-ou dr-e et p-our ex c-i t-er l'-u r-i n-e. On d-o nn-e l-e n-om d-e f-u r-et à un h-o mm-e qu-i s-e gl-i ss-e p-ar t-out, p-our c-o nn-aî tr-e c-e qu-i s-e p-as s-e. On d-o nn-e en c-o r-e l-e n-om d-e f-u r-et à un r-e m-è d-e qu-i v-a ch-er ch-er d-ans l-e c-orps l-es h-u m-eurs l-es pl-us c-a ch-ées, ain s-i qu-e f-ont l'é m-é t-i qu-e et l-e m-er c-u r-e.

Le fu ret a les yeux rou ges, son poil est de cou leur jau ne; il est blanc sous le ven tre : ce pe tit qua dru pè de a le corps très a lon gé, le mu seau poin tu, la tê te lon gue; il é xha le u ne très mau vai se o deur. La fe mè lle do nne deux por tées par an, cha cu ne de cinq ou six pe tits. Le fu ret nous vi ent des pai is chauds; nous a vons su l'a ccli ma ter et l'a ppri voi ser en Fran ce pour la cha sse du la pin dont il est l'è nne mi dé cla ré : on prend la pré cau ti on de l'em mu se ler, par ce que l'on cour rait le ri sque de le per dre, ain si que le la pin, si on le lâ chait sans cet te pré cau ti on; car ou il dé vo re rait le la pin, ou il lui su ce rait le sang, et s'en dor mi rait à cô té de sa proie. Le fu ret em mu se lé, on le lâ che dans le ter ri er, on pla ce un sac ou fi lo che à l'ou ver tu re ou em bou chu re de cha que ter ri er en vi ron nant. Les la pins, à l'a ppro che du fu ret, prè nnent la fui te, et vi è nnent se ren dre dans le sac; on re çoit de cet te ma ni è re le la pin et le fu ret. A vec un seul fu ret, on peut pren dre dans u ne heu re dix ou dou ze la pins vi vans. Si le fu ret se dé mu se lait et s'en dor mait, on ne pour rait le ré vè iller et le fai re sor tir qu'en in tro dui sant de la fu mée dans le ter ri er où on l'au rait lâ ché. La chair du fu ret, qui con ti ent du sel vo la til en quan ti té, est bo nne con tre la mor su re des ser pens, ain si que pour ré sou dre et pour ex ci ter l'u ri ne. On do nne le nom de fu ret à un ho mme qui se gli sse par tout, pour co nnaî tre ce qui se pas se. On don ne en co re le nom de fu ret à un re mè de qui va cher cher dans le corps les hu meurs les plus ca chées, ain si que font l'é mé ti que et le mer cu re.

Le furet a les yeux rouges, son poil est de couleur jaune, il est blanc sous le ventre : ce petit quadrupède a le corps très-alongé, le museau pointu, la tête longue; il exhale une très-mauvaise odeur. La femelle donne deux portées par an, chacune de cinq ou six petits. Le furet nous vient des pays chauds; nous avons su l'acclimater et l'apprivoiser en France pour la chasse du lapin, dont il est l'ennemi déclaré : on prend la précaution de l'emmuseler, parce que l'on courrait le risque de le perdre, ainsi que le lapin, si on le lâchait sans cette précaution; car ou il dévorerait le lapin, ou il lui sucerait le sang, et s'endormirait à côté de sa proie. Le furet emmuselé, on le lâche dans le terrier; on place un sac ou filoche à l'ouverture ou embouchure de chaque terrier environnant. Les lapins, à l'approche du furet, prennent la fuite, et viennent se rendre dans le sac : on reçoit de cette manière le lapin et le furet. Avec un seul furet, on peut prendre dans une heure dix ou douze lapins vivans. Si le furet se démuselait et s'endormait, on ne pourrait le réveiller et le faire sortir qu'en introduisant de la fumée dans le terrier où on l'aurait lâché. La chair du furet, qui contient du sel volatil en quantité, est bonne contre la morsure des serpens, ainsi que pour résoudre et pour exciter l'urine. On donne le nom de furet à un homme qui se glisse par-tout pour connaître ce qui se passe. On donne encore le nom de furet à un remède qui va chercher dans le corps les humeurs les plus cachées, ainsi que font l'émétique et le mercure.

LE PORC-ÉPIC.

L-e p-orc é p-ic s-e tr-ou v-e d-ans l-es cl-i m-ats l-es pl-us ch-auds d-e l' A s-ie et d-e l'-A fr-i qu-e ; on est c-e p-en d-ant p-ar v-e n-u à l'a ccl-i m-a t-er en E sp-a gn-e et en I t-a l-ie, où il m-ul t-i pl-ie et v-it tr-ès b-i en, s-oit d-ans l'-é t-at s-au v-a g-e, s-oit en d-o m-è st-i c-i t-é; il n-e m-ul t-i pl-ie n-i en F-r an c-e, n-i en A ll-e m-a gn-e. C-et a-n-i m-al est d-e l-a gr-os s-eur d'-un ſort r-e n-ard ; il a l-e c-orps c-ou v-ert d-e p-i qu-ans d-e l-a l-on gu-eur d-e h-uit à v-ingt qu-a t-re p-ou c-es ; il a l-a t-ê t-e et l-e gr-o gn-e-m-ent d-u c-o ch-on ; il v-it d-e gr-ai n-es, d-e fr-uits, d-e r-a c-i n-es, d-e s-ou r-is, d-e r-ats, d-e s-er p-ens. S-es p-i qu-ans l-ui s-er v-ent d-e d-é f-en s-e c-on tr-e t-ous l-es a n-i m-aux ; c-e n'-est p-oint en l-es l-an ç-ant c-o mm-e on l'-a pr-é t-en d-u, c-ar il n'-a p-as l-e p-ou v-oir d-e d-é t-a ch-er s-es p-i qu-ans, en c-o r-e m-oins d-e l-es l-an c-er; s-a d-é f-en s-e c-on s-i st-e à è ffr- ai ier s-es è nn-e m-is, p-ar l-e br-uit qu'-il pr-o d-uit en h-eur t-ant l-es p-i qu-ans l-es uns c-on tr-e l-es au tr-es, p-ar l-a c-on tr-ac t-i on d-e s-a p-eau d-ans t-ous l-es s-ens; s-i s-es è nn-e m-is a ppr-o ch-ent d-e tr-op pr-ès, il r-e t-i r-e s-a t-ê t-e et s-es p-i eds c-o mm-e l-e h-é r-i ss-on; il s-e p-e l-o t-o nn-e d-e m-a n-i è r-e à n-e pl-us m-on tr-er qu'-u n-e b-ou l-e g-ar n-ie d-e p-i qu-ans, n-e l-ai ss-ant au c-un v-i d-e, p-ar l-e qu-el il p-our r-ait ê tr-e a tt-a qu-é; ain s-i c-on tr-ac t-é, il n-e cr-aint n-i l-e l-i on, n-i l-e t-i gr-e, etc. C-e p-e t-it qu-a dr-u p-è d-e n-e p-eut ê tr-e a ppr-i v-oi s-é; il a l-es d-ents tr-ès f-or t-es, au p-oint qu-e s-i on l-e m-e tt-ait d-ans u n-e c-a g-e d-e b-ois, il au r-ait b-i en t-ôt f-ait un tr-ou a ss-ez c-on s-i d-é r-a bl-e p-our s-é v-a d-er. L-a ch-air d-u p-orc é p-ic est tr-ès b-o nn-e à m-an g-er; s-es p-i qu-ans s-er v-ent aux p-ein tr-es p-our l-eurs p-in c-eaux. P-our t-u er l-es s-er p-ens, l-e p-orc é p-ic s'-y pr-end d-e l-a m-a n-i è r-e s-ui v-an t-e: au ss-i t-ôt qu'-il v-oit c-e r-é pt-i l-e et qu'-il en est pr-ès, il s-e p-e l-o t-o nn-e, s-e r-ou l-e d-e ss-us, l-e cr-i bl-e d-e tr-ous; a pr-ès l-a v-oir t-u é il l-e m-an g-e.

Le porc é pic se trou ve dans les cli mats les plus chauds de l'Asie et de l'Afrique; on est ce pen dant par ve nu à l'a ccli ma ter en Espagne et en Ita lie, où il mul ti plie et vit très bien, soit dans l'é tat sauvage, soit en domèsticité. Il ne multiplie ni en France, ni en Allemagne. Cet animal est de la grosseur d'un fort renard; il a le corps couvert de piquans de la longueur de huit à vingt-quatre pouces; il a la tête et le grognement du cochon; il vit de graines, de fruits, de racines, de souris, de rats, de serpens. Ses piquans lui servent de défense contre tous les animaux : ce n'est point en les lançant, comme on l'a prétendu, car il n'a pas le pouvoir de détacher ses piquans, encore moins de les lancer; sa défense consiste à éffraiier ses ènnemis par le bruit qu'il produit en heurtant ses piquans les uns contre les autres, par la contraction de sa peau dans tous les sens : si ses ènnemis approchent de trop près, il retire sa tête et ses pieds comme le hérisson; il se pelotonne de manière à ne plus montrer qu'une boule garnie de piquans, ne laissant aucun vide par lequel il pourrait être attaqué; ainsi contracté, il ne craint ni le lion, ni le tigre, etc. Ce petit quadrupède ne peut être apprivoisé; il a les dents très fortes, au point que si on le mettait dans une cage de bois, il aurait bientôt fait un trou assez considérable pour s'évader. La chair du porc épic est très bonne à manger; ses piquans servent aux peintres pour leurs pinceaux. Pour tuer les serpens, le porc épic s'y prend de la manière suivante : aussitôt qu'il voit ce reptile, et qu'il en est près, il se pelotonne, se roule dessus, le crible de trous; après l'avoir tué, il le mange.

Le porc-épic se trouve dans les climats les plus chauds de l'Asie et de l'Afrique ; on est cependant parvenu à l'acclimater en Espagne et en Italie, où il multiplie et vit très-bien, soit dans l'état sauvage, soit en domesticité ; il ne multiplie ni en France ni en Allemagne. Cet animal est de la grosseur d'un fort renard ; il a le corps couvert de piquans de la longueur de huit à vingt-quatre pouces ; il a la tête et le grognement du cochon ; il vit de graines, de fruits, de racines, de souris, de rats, de serpens. Ses piquans lui servent de défense contre tous les animaux : ce n'est point en les lançant, comme on l'a prétendu, car il n'a pas le pouvoir de détacher ses piquans, encore moins de les lancer : sa défense consiste à à effrayer ses ennemis par le bruit qu'il produit en heurtant ses piquans les uns contre les autres, par la contraction de sa peau dans tous les sens ; si ses ennemis approchent de trop près, il retire sa tête et ses pieds comme le hérisson ; il se pelotonne de manière à ne plus montrer qu'une boule garnie de piquans, ne laissant aucun vide par lequel il pourrait être attaqué : ainsi contracté, il ne craint ni le lion ni le tigre, etc. Ce petit quadrupède ne peut être apprivoisé ; il a les dents très-fortes, au point que si on le mettait dans une cage de bois, il aurait bientôt fait un trou assez considérable pour s'évader. La chair du porc-épic est très-bonne à manger ; ses piquans servent aux peintres pour leurs pinceaux, etc. Pour tuer les serpens, le porc épic s'y prend de la manière suivante : aussitôt qu'il voit ce reptile et qu'il en est près, il se pelotonne, se roule dessus, le crible de trous; après l'avoir tué, il le mange.

LE CAMÉLÉON.

L-e c-a m-é l-é on est un l-é z-ard d-e l-a l-on
gu-eur d'-en v-i r-on s-ix p-ou c-es, il s-e tr-ou v-e en
È sp-a gn-e, et s-ur t-out d-ans l-es In d-es O r-i en
t-a l-es et d-ans l'-A fr-i que; il v-it d'-in s-ec t-es, d-e
m-ou ch-es, qu'-il pr-end a v-ec s-a l-an gu-e qu-i
est d'-u n-e gr-an d-eur ex tr-a or d-i n-ai r-e, il s'-en
s-ert c-o mm-e d'-un h-a m-e ç-on : l-es m-ou ch-es
et in s-e ct-es v-i è nn-ent s'-y pl-a c-er et s'-y tr-ou
v-ent r-e t-en-us p-ar u n-e c-er t-ai n-e m-a t-i è r-e
au ss-i v-i squ-eu s-e qu-e d-e l-a gl-u, l'-a n-i m-al
r-e t-i r-e s-a l-an gu-e et s-e n-our r-it d-es in s-ec
t-es qu-i y s-ont a tt-a ch-és. S-a c-ou l-eur or d-i
n-ai r-e est d'-un gr-is bl-eu â tr-e : on pr-é t-end
qu-e qu-and il est en c-o l-è r-e ou m-a l-a d-e, ou
l-or squ'-il cr-aint qu-el qu-e ch-o s-e, il d-e v-i ent

j-au n-e, gr-is, n-oir; d'-au tr-es p-er s-o nn-es ont pr-é t-en d-u, m-ais à t-ort, qu-e l-e c-a m-él-é on pr-e n-ait l-a m-ê m-e c-ou l-eur qu-e c-è ll-e de l'-ob j-et s-ur l-e qu-el il ét-ait pl-a c-é. Il a l-a f-a c-ul t-é d-e d-o nn-er à s-on c-orps l-e d-ou bl-e d-e s-a gr-os s-eur or d-i n-ai r-e. Il a au ss-i l-a f-a c-i l-i t-é d-e v-oir d-e d-eux c-ô t-és à l-a f-ois; c-ar il p-eut t-our n-er s-es y-eux (qu-i s-ont d'-un j-au n-e d'-or), d-ans un s-ens opp-o s-é l'-un à l'-au tr-e; s-a qu-eue est tr-ès l-on gu-e, è ll-e l-ui s-ert, ain s-i qu-e s-es p-a tt-es qu-i s-ont g-ar n-ies d-e c-inq er g-ots, à s-e t-e n-ir s-o l-i d-e m-ent s-ur l-es ar br-es. T-ous l-es l-é z-ards s-e r-e pr-o d-ui s-ent p-ar d-es œufs; on d-it qu-e l-eur qu-eue r-e p-ou ss-e a pr-ès a v-oir é t-é c-ou p-ée. On a pp-è ll-e un h-o mm-e c-a m-é l-é on, qu-and il est f-our b-e, qu-and il ch-an g-e s-ou v-ent d'-a v-is ou d-e p-ar t-i.

Le ca mé lé on est un lé zard de la lon gueur d'en vi ron six pou ces; il se trou ve en E spa gne, et sur tout dans les In des O ri en ta les et dans l'A fri que; il vit d'in sec tes, de mou ches qu'il prend a vec sa lan gue qui est d'u ne gran deur ex tra or di nai re; il s'en sert co mme d'un ha me çon; les mou ches et in sec tes viè nnent s'y pla cer, et s'y trou vent re te nus par u ne cer tai ne ma tiè re au ssi vis queu se que la glu: l'a ni mal re ti re sa lan gue et se nour rit des in sec tes qui y sont a tta chés. Sa cou leur or di nai re est d'un gris bleu â tre; on pré tend que quand il est en co lè re ou ma la de, ou lor squ'il a quel que cho se à crain dre, il de vi ent jau ne, gris, noir; d'au tres personnes ont prétendu, mais à tort, que le caméléon prenait la même couleur que cèlle de l'objet sur lequel il était placé. Il a la faculté de donner à son corps le double de sa grosseur ordinaire. Il a aussi la faculté de voir de deux côtés à la fois; car il peut tourner ses yeux (qui sont d'un jaune d'or), dans un sens opposé l'un à l'autre; sa queue est très longue, èlle lui sert, ainsi que ses pattes, qui sont garnies de cinq ergots, à se tenir solidement sur les arbres. Tous les lézards se reproduisent par des œufs; on dit que leur queue repousse après avoir été coupée. On appèlle un homme caméléon, quand il est fourbe, quand il change souvent d'avis et de parti.

Le caméléon est un lézard de la longueur d'environ six pouces; il se trouve en Espagne, et surtout dans les Indes-Orientales et dans l'Afrique; il vit d'insectes, de mouches qu'il prend avec sa langue, qui est d'une grandeur extraordinaire; il s'en sert comme d'un hameçon; les mouches et insectes viennent s'y placer, et s'y trouvent retenus par une certaine matière aussi visqueuse que la glu : l'animal retire sa langue, et se nourrit des insectes qui y sont attachés. Sa couleur ordinaire est d'un gris bleuâtre; on prétend que quand il est en colère, ou malade, ou lorsqu'il craint quelque chose, il devient jaune, gris, noir; d'autres personnes ont prétendu, mais à tort, que le caméléon prenait la même couleur que celle de l'objet sur lequel il était placé. Il a la faculté de donner à son corps le double de sa grosseur ordinaire ; il a aussi la faculté de voir de deux côtés à la fois, car il peut tourner ses yeux, qui sont d'un jaune d'or, dans un sens opposé l'un à l'autre ; sa queue est très-longue ; elle lui sert, ainsi que ses pattes, qui sont garnies de cinq ergots, à se tenir solidement sur les arbres. Tous les lézards se reproduisent par des œufs ; on dit que leur queue repousse après avoir été coupée. On appelle un homme caméléon quand il est fourbe, quand il change souvent d'avis et de parti.

LE KABASSOU.

L-e k-a b-a ss-ou, l-e k-a ch-i k-a m-e, l-e t-a t-ou, l-e c-ir qu-in c-on, l'ar m-a d-i ill-o, s-ont d-es qu-a-dr-u p-è d-es d-e m-ê m-e è sp-è c-e ; o-n l-es tr-ou v-e d-ans l'A m-é r-i qu-e s-ep t-en tr-i o n-a l-e ; ils s-ont c-ou v-erts d'-é c-a ill-es os s-eu s-es d-u n-e str-uc-t-u r-e ad m-i r-a bl-e ; c'-est u n-e c-ui r-a ss-e s-o l-i d-e, c-om p-o s-ée d-e b-an d-es et d-e r-o s-et t-es, r-e-c-ou v-er t-es d'-u n-e p-eau tr-ès m-in ce, qu-i a l'-é-cl-at d-u v-er n-is ; on l-es d-i st-in gu-e en tr-e eux p-ar l-e n-om br-e d-e b-an d-es ; l-e k-a b-a ss-ou en a d-ou z-e, l-e c-ir qu-in c-on d-ix, l-e k-a ch-i k-a n-e n-euf. C-es b-an d-es s-ont pl-a c-ées d-e m-a n-i è r-e à d-o nn-er à l'-a n-i m-al l-a f-a c-i l-i t-é d-e s-e m-et tr-e en b-ou l-e, qu-and il est en d-an g-er; et è ll-es r-en d-ent t-ou t-es l-es p-ar t-ies d-e s-on c-orps im p-é n-é tr-a bl-es à t-ou t-es l-es a tt-a qu-es; il r-ou l-e ain s-i d-e pr-é c-i p-i c-es en pr-é c-i p-i c-es s-ur d-es r-o ch-ers, s-ans s-e r-e ss-en t-ir d'-au c-u n-es s-e c-ou ss-es. Qu-el qu-e f-or c-e qu-e l'-on em pl-oie, on n-e p-eut dé- v-e l-o pp-er un t-a t-ou, l-or squ'-il s'-est m-is en b-ou l-e; m-ais s-i on l-e p-or t-e au pr-ès d-u f-eu, l-a ch-a l-eur l-e f-ait é p-a n-ou ir; il qu-i tt-e p-ar c-e m-o y-en s-on é t-at d-e c-on tr-ac t-i on. Il n-e s-ort qu-e l-a n-uit d-u p-e t-it t-er r-i er qu'-il s-est cr-eu s-é : il s-e l-ai ss-e r-ait pl-u t-ôt a rr-a ch-er l-a qu-eue, qu-e d'a b-an d-on n-er s-on tr-ou; m-ais s-i on l-ui ch-a t-ou ill-e l-e v-en- tr-e, il s-e c-on tr-ac t-e; on l-e t-i r-e p-our l-ors ai s-é m-ent. C-es a n-i m-aux v-i v-ent d-e v-é g-é t-aux, d-e fr-uits, d-e s-ou r-is, d-e r-ats. L-eur ch-air est ex c-è ll-en t-e : c'-est p-our qu-oi on l-eur f-ait v-i g-ou r-eu s-e m-ent l-a ch-a ss-e. Ils m-ul t-i pl-i ent b-eau c-oup; l-a f-e m-è ll-e m-et b-as qu-a tr-e p-e t-its ch-a qu-e m-ois.

Le ka ba ssou, le ka chi ka me, le ta tou, le cir quin con, l'ar ma di illo, sont des qua dru pè des de mê me è spè ce : on les trou ve dans l'A mé ri que sep ten tri o na le; ils sont cou verts d'é ca illes os seu ses, d'u ne struc tu re ad mi ra ble : c'est u ne cui ra sse so li de, com po sée de ban des et de ro set tes, re cou ver tes d'u ne peau très min ce, qui a l'é clat du

ver nis. On les di stin gue en tre eux par le nom bre
des ban des. Le ka ba ss ou en a dou ze, le cir quin
con dix, et le ka chi ka me neuf; ces ban des sont pla
cées de ma ni è re à do nner à l'a ni mal la fa ci li té
de se met tre en bou le, quand il est en dan ger: è lles
ren dent tou tes les par ties de son corps im pé né tra
bles à tou tes les a tta ques; il rou le ain si de pré ci pi ces
en pré ci pi ces sur des ro chers, sans se re ssen tir
d'au cu ne se cou sse. Quel que for ce que l'on em ploie,
on ne peut dé ve lo pper un ta tou, lor squ'il s'est mis
en bou le; mais si on le por te au près du feu, la cha
leur le fait é pa nou ir : il quitte par ce mo yen son
é tat de con trac ti on. Il ne sort que la nuit du pe
tit ter ri er qu'il s'est creu sé : il se lai sse rait plu tôt
a rra cher la queue que d'a ban do nner son trou; mais
si on lui cha tou ille le ven tre, il se con trac te; on le
re ti re pour lors ai sé ment. Ces a ni maux vi vent de
vé gé taux, de fruits, de sou ris, de rats. Leur chair
est ex cè llen te : c'est pour quoi on leur fait vi gou
reu se ment la cha sse. Ils mul ti pli ent beau coup.
La fe mè lle met bas qua tre pe tits cha que mois.

Le kabassou, le kachikame, le tatou, le cirquincon, l'armadillo, sont des quadrupèdes de même espèce; on les trouve dans l'Amérique septentrionale : ils sont couverts d'écailles osseuses d'une structure admirable; c'est une cuirasse solide composée de bandes et de rosettes recouvertes d'une peau très-mince, qui a l'éclat du vernis; on les distingue entre eux par le nombre de bandes : le kabassou en a douze, le cirquincon dix, et le kachikame neuf; ces bandes sont placées de manière à donner à l'animal la facilité de se mettre en boule, quand il est en danger ; elles rendent toutes les parties de son corps impénétrables à toutes les attaques ; il roule ainsi de précipices en précipices sur des rochers, sans se ressentir d'aucune secousse. Quelque force que l'on emploie, on ne peut développer un tatou, lorsqu'il s'est mis en boule ; mais si on le porte auprès du feu, la chaleur le fait épanouir : il quitte par ce moyen son état de contraction. Il ne sort que la nuit du petit terrier qu'il s'est creusé ; il se laisserait plutôt arracher la queue que d'abandonner son trou ; mais si on lui chatouille le ventre, il se contracte ; on le retire pour lors aisément. Ces animaux vivent de végétaux, de fruits, de souris, de rats. Leur chair est excellente, c'est pourquoi on leur fait vigoureusement la chasse. Ils multiplient beaucoup ; la femelle met bas quatre petits chaque mois.

LE ZÉBU.

L-e z-é bu ou b-i s-on est u n-e è sp-è c-e d-e t-au r-eau qu-e l'-on tr-ou v-e d-ans l'-A m-é r-i qu-e s-ep t-en tr-i o n-a l-e; b-eau c-oup d-e p-er s-o nn-es, à c-au s-e d-e l-a r-e ss-em bl-an c-e d-u n-om, l-e c-on f-on d-aient a v-ec l-e z-è br-e; m-ais l-a d-i ff-é r-en c-e est l-a m-ê m-e en tr-e c-es d-eux qu-a dr-u p-è d-es qu-e c-è ll-e qu-i é x-i st-e en tr-e l-e ch-e v-al et l-e b-œuf; l-e z-é b-u n'-est d-i st-in gu-é d-u b-œuf qu-e p-ar u n-e b-o ss-e ou p-e t-i t-e h-ou p-e qu'-il p-or t-e s-ur l-es é p-au l-es, p-ar l-es l-ongs p-oils d'-un br-un f-on c-é qu'-il a au c-ol et au p-oi tr-ail; il a l-e p-i ed f-our ch-u et l-es c-or n-es s-im pl-es; è ll-es n-e s-ont p-oint auss-i gr-oss-es qu'-è ll-es d-e vr-aient l'-ê tr-e, à pr-o p-or t-i on d-e c-è ll-es d-e n-os b-œufs. C-es a n-i m-aux v-i v-ent en tr-ou p-e; l-e m-â l-e n-e p-eut ê tr-e s-ou m-is au tr-a v-ail; il est t-ou j-ours s-au v-a g-e et m-ê m-e tr-ès d-an g-e r-eux, s-ur t-out d-ans l-e t-emps d-u r-ut ; il est d'-un n-a t-u r-el tr-ès f-é r-o c-e et in d-omp t-a bl-e ; qu-and on v-eut l'-a m-e n-er en Eu r-o p-e, on est o bl-i g-é de l'-en ch-aî n-er, et m-ê m-e d-e l'-en f-er m-er d-ans u n-e f-or t-e l-o g-e qu'-il n-e p-eut r-om pr-e ; il a u n-e f-or c-e pr-o d-i g-i eu s-e ; il s-e d-é f-end d-es a n-i m-aux c-ar n-a ss-i ers ; s-i on l-e pr-end j-eu n-e, et qu'-on l-e c-ou p-e, il s-ert c-o mm-e l-e b-œuf. L-a f-e m-è ll-e a b-eau c-oup d-e l-ait, a v-ec l-e qu-el è ll-e a ll-ai te s-on p-e t-it. C-e l-ait est ex c-è ll-ent ; on en f-ait, c-o mm-e d-e c-e l-ui d-e l-a v-a ch-e, d-u b-eur r-e et d-u fr-o m-a g-e ; m-ais l-e l-ait d-e c-es a n-i m-aux t-a r-it b-i en t-ôt s-i on l-es tr-an sp-or t-e d-ans l-es p-ai is t-em p-é r-és. L-e z-é b-u, c-o mm-e t-ous l-es a n-i m-aux v-e n-ant d-es p-ai is ch-auds, n-e s-e r-e p-ro d-uit p-oint en Fr-an c-e, en A ll-e m-a gn-e, à pl-us f-or t-e r-ai s-on d-ans l-es p-ai is d-u N-ord. L-a p-eau d-u z-é b-u est tr-ès è st-i m-ée.

Le zé bu ou bi son est u ne è spè ce de tau reau que l'on trou ve dans l'A mé ri que sep ten tri o na le. Beau coup de per so nnes, à cau se de la re ssem blan ce du nom, le con fon daient a vec le zè bre ; mais la di ffé ren ce est la mê me en tre ces deux qua dru pè des, que cè lle qui é xi ste en tre le che val et le bœuf ; le zé bu n'est di stin gué du bœuf, que par u ne bo sse ou pe ti te hou pe qu' il por te sur les é pau les, par les longs poils d'un brun fon cé qu'il a au col et au poi trail ; il a le pi ed four chu et les cor nes sim ples ; è lles ne sont point au ssi gro sses qu' è lles de vraient l'è tre, à pro por ti on de cè lles de nos bœufs. Ces a nimaux vi vent en trou pe ; le mâ le ne peut ê tre sou mis au tra vail : il est tou jours sau va ge, et mê me très dan ge reux, sur tout dans le temps du rut ; il est d'un na tu rel très fé ro ce et in domp ta ble. Quand on veut l'a me ner en Eu ro pe, on est o bli gé de l'en chaî ner, et mê me de l'en fer mer dans u ne for te lo ge qu'il ne peut rom pre ; il a u ne for ce pro-di gi eu se ; il se dé fend des a ni maux car na ssi ers ; si on le prend jeu ne et qu'on le cou pe, il sert co mme le bœuf. La fe me lle a beau coup de lait, a vec le quel e lle a llai te son pe tit. Ce lait est ex cè llent : on en fait co mme de ce lui de la va che, du beur re et du fro ma ge ; mais le lait de ces a ni maux ta rit bi en tôt si on les tran spor te dans les pai is tem pé rés. Le zé bu, co mme tous les a ni maux ve nant des pai is chauds, ne se re pro duit point en Fran ce, en A llé ma gne, à plus for te rai son dans les pai is du Nord. La peau du zé bu est très è sti mée.

Le zébu ou bison est une espèce de taureau que l'on trouve dans l'Amérique septentrionale. Beaucoup de personnes, à cause de la ressemblance du nom, le confondaient avec le zèbre ; mais la différence est la même entre ces deux quadrupèdes, que celle qui existe entre le cheval et le bœuf. Le zébu n'est distingué du bœuf que par une bosse ou petite houpe qu'il porte sur les épaules, par les longs poils d'un brun foncé qu'il a au col et au poitrail ; il a le pied fourchu et les cornes simples : elles ne sont point aussi grosses qu'elles devraient l'être, à proportion de celles de nos bœufs. Ces animaux vivent en troupe.

Le mâle ne peut être soumis au travail : il est toujours sauvage et même très-dangereux, sur-tout dans le temps du rut ; il est d'un naturel très-féroce et indomptable ; quand on veut l'amener en Europe, on est obligé de l'enchaîner, et même de l'enfermer dans une forte loge qu'il ne peut rompre ; il a une force prodigieuse ; il se défend des animaux carnassiers : si on le prend jeune et qu'on le coupe, il sert comme le bœuf. La femelle a beaucoup de lait, avec lequel elle allaite son petit. Ce lait est excellent : on en fait comme de celui de la vache, du beurre et du fromage ; mais le lait de ces animaux tarit bientôt, si on les transporte dans les pays tempérés. Le zébu, comme tous les animaux venant des pays chauds, ne se reproduit point en France, en Allemagne, et à plus forte raison dans les pays du Nord. La peau du zébu est très-estimée.

IIME. SÉRIE DE FIGURES,

Dont l'Histoire est répétée deux fois, la première en syllables, et l'autre en mots entiers.

LA MARMOTTE.

La mar mot te se trou ve dans les mon ta gnes de la Sui sse, de la Sa voie, de l'I ta lie; on la trou ve au ssi en Ru ssie et en Po lo gne, et a vec quel que di ffé ren ce, dans l'A fri que et dans l'A mé ri que. Quoi que sa chair ait u ne o deur for te, né an moins on la man ge quand è lle est gras se; les Sa vo yards font la cha sse des mar mot tes l'hi ver : ils les prè nnent dans leur ta ni è re pen dant le temps de leur en gour diss e ment; ils les met tent à la fu mée de leur che mi née, a près les a voir di vi sées en plu si eurs mor ceaux. La peau est ex cè llen te pour di vers u sa ges, tels que ha bits, bo nnets, four ru res, ha vre sacs, man chons, gants, etc. La mar mot te est gros se co mme un pe tit re nard; è lle a la queue tou ffue, les o rei illes cour tes; son corps est cou vert de poils gar nis et ca chés d'u ne four ru re très ser rée. Ce pe tit qua dru pè de se nour rit d'her bes, de fruits, de ra ci nes, de sau te rè lles. La mar mot te man ge mê me de la vi an de, du pain, du lait, du beur re; è lle boit le lait a vec tant de plai sir, qu' è lle en té moi gne la joie la plus vi ve : tou tes les fois qu'on lui don ne quel que cho se de son goût, qu'on la ca res se, è lle fait en ten dre un bour don ne ment ou mur mu re qui a nnon ce son con ten te ment; è lle por te à la bou che son man ger co mme l'é cu reuil, s'a ssei iant sur son der ri è re : on la dit très lè gè re à la mon tée, mais très len te en plai ne. Dans les beaux jours, les mar mot tes jouent en sem ble a vec au tant de lé gè re té que nos chats do mè sti ques; è lles grim pent sur les ar bres d'où è lles se jet tent par ter re, en jou ant; è lles font en s'a mu sant tou tes sor tes de tours d'a dres se; è lles ré créent a gré a ble ment ceux qui peu vent se pla cer près d'è lles, ce qui est di ffi ci le, car dans les mo mens de leurs jeux è lles ont tou jours des sen ti nè lles pour les a ver tir de l'a ppro che de tout è nne mi. Les mar mot tes dor ment tout l'hi ver; è lles sont dans un é tat d'en gour di sse ment com plet : on di rait qu'è lles n'ont plus a lors au cu ne e xi sten ce; on les trou ve en pe lo ton dans leur ta ni è re, dont è lles ont eu soin de bou cher l'en trée, a fin que ri en ne pui sse y pé né trer : leur ta ni è re est con strui te a vec beau coup d'in stinct; è lles creu sent u ne lon gue ga le rie sou ter rai ne à la què lle è lles en font a bou tir deux au tres a rri vant de droi te et de gau che; dans le fond de l'u ne de ces ga le ries, è lles dé po sent leurs ex cré mens; è lles cou chent dans le fond de l'au tre, a près y a voir por té de la mou sse et du foin, qu'è lles char roient sin gu li è re ment. U ne d'è lle se cou che sur le dos, le vant ses pat tes le plus per pen di cu lai re ment po ssi ble. Quel ques-u nes la char gent de foin ou de mou sse; è lles la traî nent en sui te par la queue, tan dis que d'au tres em pê chent cet te cu ri eu se voi tu re de ver ser. La fe mè lle a llai te tous les ans qua tre pe tits; quand ils ont ac quis des for ces, è lle les con duit aux champs où è lle leur a pprend à brou ter les her bes, les fruits, les ra ci nes, etc. Les Sa vo yards dre ssent ces pe tits a ni maux à dan ser, et à te nir un bâ ton, à o bé ir à leurs voix: ils s'en ser vent pour de man der l'au mô ne.

La marmotte se trouve dans les montagnes de la Suisse, de la Savoie, de l'Italie; on la trouve aussi en Russie et en Pologne, et avec quelque différence, dans l'Afrique et dans l'Amérique. Quoique sa chair ait une odeur forte, néanmoins on la mange quand elle est grasse; les Savoyards font la chasse des marmottes l'hiver: ils les prennent dans leur tanière dans le temps de leur engourdissement; ils les mettent à la fumée de leur cheminée, après les avoir divisées en plusieurs morceaux; la peau est excellente pour divers usages, tels qu'habits, bonnets, fourrures, havresacs, manchons, gants, etc. La marmotte est grosse comme un petit renard; elle a la queue touffue, les oreilles courtes; son corps est couvert de poils, garnis et cachés par une fourrure très-serrée. Ce petit quadrupède se nourrit d'herbes, de fruits, de racines, de sauterelles; la marmotte mange même de la viande, du pain, du lait, du beurre : elle boit le lait avec tant de plaisir, qu'elle en témoigne la joie la plus vive. Toutes les fois qu'on lui donne quelque chose de son goût, qu'on la caresse, elle fait entendre un bourdonnement ou murmure qui annonce son contentement; elle porte à la bouche son manger, comme l'écureuil, s'asseyant sur son derrière. On la dit très-légère à la montée, mais très-lente en plaine. Dans les beaux jours, les marmottes jouent ensemble avec autant de légèreté que nos chats domestiques; elles grimpent sur les arbres d'où elles se jettent par terre en jouant; elles font, en s'amusant, toutes sortes de tours d'adresse; elles recréent agréablement ceux qui peuvent se placer près d'elles, ce qui est difficile, car, dans le moment de leurs jeux, elles ont toujours des sentinelles pour les avertir de l'approche de tout ennemi. Les marmottes dorment tout l'hiver : elles sont dans un état d'engourdissement complet; on dirait qu'elles n'ont plus alors aucune existence; on les trouve en peloton dans leur tanière, dont elles ont eu soin de boucher l'entrée, afin que rien ne puisse y pénétrer. Leur tanière est construite avec beaucoup d'instinct; elles creusent une longue galerie souterraine, à laquelle elles en font aboutir deux autres arrivant de droite et de gauche. Dans le fond de l'une de ces galeries, elles déposent leurs excrémens; elles couchent dans le fond de l'autre, après y avoir porté de la mousse et du foin qu'elles charroient singulièrement. Une d'elle se couche sur le dos, levant les pattes le plus perpendiculairement possible ; quelques-unes la chargent de foin ou de mousse : elles la traînent ensuite par la queue, tandis que d'autres empêchent cette curieuse voiture de verser. La femelle allaite tous les ans quatre petits ; quand ils ont acquis des forces, elle les conduit aux champs où elle leur apprend à brouter les herbes, les fruits, les racines, etc. Les Savoyards dresssent ces petits animaux à danser, à tenir un bâton et à obéir à leurs voix : ils s'en servent pour demander l'aumône.

LA VIGOGNE ou PACOS.

La vi go gne ou pa cos di ffè re peu du li a ma ; è lle a sa gros seur, sa con for ma ti on ; mais è lle re ssem ble au cha meau, soit par le col, soit par les jambes :

tout le rèste du corps tient de la brebis. On peut se servir du pacos ou vigogne pour porter des fardeaux; mais èlle ne peut porter que soixante et dix à quatre vingts livres: si on la surcharge, èlle se couche à plat ventre; les coups les plus violens ne pourraient la forcer à se relever: èlle se laisserait plutôt tuer sur la place; on est donc forcé de la décharger. On la trouve au Pérou, dans l'Amérique méridionale, ainsi que dans quelques îles des Indes occidentales. Sa chair est excèllente, son lait est aussi très bon. On en fait du fromage raffiné, du beurre qui a un goût exquis de plantes aromatiques. Mais ce qui fait le plus rechercher ce quadrupède, c'est la beauté de sa toison dont on fait le plus grand cas. Cètte laine d'un rouge pâle à la douceur de la soie, et se vend un prix prèsque aussi élevé; en on fait des bas, des chapeaux, des habits, des schals précieux. Les habitans des Indes occidentales, du Pérou et de l'Amérique, font un grand commerce de la toison de ces animaux; c'est la richèsse de leurs paiis. Ils ont des troupeaux innombrables de pacos; ils les tondent deux fois par an: chacun d'eux produit, par chaque année, autant de laine que quatre de nos plus gros moutons. On fait aussi un grand usage de leur peau; èlle est plus èstimée que cèlle de nos moutons de France.

La vigogne ou pacos diffère peu du liama; elle a sa grosseur, sa conformation, mais elle ressemble au chameau, soit par le col, soit par les jambes: tout le reste du corps tient de la brebis. On peut se servir du pacos ou de la vigogne pour porter ; mais elle ne peut porter que soixante à quatre-vingts livres. Si on la surcharge, elle se couche à plat ventre ; les coups les plus violens ne pourraient la forcer à se relever : elle se laisserait plutôt tuer sur la place ; on est donc forcé de la décharger. On la trouve au Pérou, dans l'Amérique méridionale, ainsi que dans quelques îles des Indes-Occidentales. Sa chair est excellente, son lait est aussi très-bon ; on en fait du fromage raffiné, du beurre qui a un goût exquis de plantes aromatiques. Mais ce qui fait le plus rechercher ce quadrupède, c'est la beauté de sa toison dont on fait le plus grand cas. Cette laine, d'un rouge pâle, a la douceur de la soie, et se vend un prix presque aussi élevé : on en fait des bas, des chapeaux, des habits, des schals précieux. Les habitans des Indes-Occidentales, du Pérou et de l'Amérique, font un grand commerce de la toison de ces animaux : c'est la richesse de leur pays. Ils possèdent des troupeaux innombrables de pacos ; ils les tondent deux fois par an ; chacun d'eux produit par chaque année autant de laine que quatre de nos plus gros moutons. On fait aussi un grand usage de leur peau : elle est plus estimée que celle de nos moutons de France.

LE SANGLIER.

Le san gli er est un a ni mal fé ro ce dans tou tes ses ha bi tu des ; ce n'est au tre cho se qu'un porc sau va ge. L'hi stoi re de l'un est prè sque l'hi stoi re de l'au tre. Il a le groin plus fort et plus gros que le porc ; ses bou toirs ou dé fen ses sont plus lon gues ; son poil est tou jours noir, il se no mme soie. Sa chair est ex cè llen te à man ger ; on fait un grand cas de sa tê te, que l'on a ppè lle hu re, et è lle se sert sur les mè illeu res ta bles. Le san gli er ha bi te les li eux les plus som bres, les plus ca chés ; il est prè sque in sen si ble aux coups ; la bâ lle or di nai re gli sse sur sa peau : on est obli gé d'en fai re ex près pour le ti rer : è lles se font en poin tes ; il faut en ou tre ti rer l'a ni mal plu tôt par der ri è re que par de vant, c'est à di re, il faut le ti rer à re brou sse poil, par ce que sa soie, gar ni ssant son corps, cou chée de de vant en ar ri è re, a mor tit la for ce de la ba lle et la fait gli sser. Il a l'ou ïe d'u ne fi nes se ex tra or di nai re, au point qu'il pa sse pour a voir ce sens beau coup plus dé li cat que tous les au tres a ni maux. Il vit de glands, de ra ci nes, de po mmes de ter re, de tru ffes noi res; il si illo nne la ter re très pro fon dé ment; il fait par sui te des dé gâts très con si dé ra bles dans les champs en se men cés, qui a voi si nent les bois qu'il ha bi te. La cha sse du san glier est très dan ge reu se; il se jet te sur les chi ens, sur les che vaux, sur les ho mmes mê mes; il leur fait de lar ges bles su res a vec ses dé fen ses, et les tue sou vent sur la pla ce; il est sur tout dan ge reux, quand il est bles sé, ou quand la fe mè lle cha ssée a ses mar ca ssins à dé fen dre. Il voit et sent de très loin tous ses è nne mis; il les at tend au pa ssa ge; se jet te sur eux a vec u ne fu reur ex tra or di nai re, ca pa ble d'é pou van ter tou te u ne meu te, ain si que les cha sseurs. Il ne re cu le point à l'a ppro che des chi ens, des loups les plus gros. A vec la peau du san gli er on fait des cri bles; le poil ou soie sert à fai re des bro sses, des ver get tes, des pin ceaux qui se ven dent très cher. La laie met bas tous les ans huit à dix mar ca ssins qu'è lle a llai te; è lle en a le plus grand soin. Ces a ni maux vi vent dix huit à vingt ans.

Le sanglier est un animal féroce dans toutes ses habitudes : ce n'est autre chose qu'un porc sauvage; l'histoire de l'un est presque l'histoire de l'autre. Il a le groin plus fort et plus gros que le porc; ses boutoirs ou défenses sont plus longues; son poil est toujours noir; il se nomme soie. Sa chair est excellente à manger; on fait un grand cas de sa tête : on l'appelle hure; elle se sert sur les meilleures tables. Le sanglier habite les lieux les plus sombres, les plus cachés; il est presque insensible aux coups. La balle ordinaire coule sur sa peau : on est obligé d'en faire exprès pour le tirer: elles se font en pointe; il faut en outre tirer l'animal plutôt par derrière que pardevant, c'est-à-dire, il faut le tirer à rebrousse poil, parce que sa soie, garnissant son corps, couchée de devant en arrière, amortit la force de la balle et la fait glisser. Il a l'ouïe d'une finesse extraordinaire, au point qu'il passe pour avoir ce sens beaucoup plus délicat que tous les autres animaux. Il vit de glands, de racines, de pommes de terre, de truffes noires; il sillonne la terre très-profondément; il fait par suite des dégâts très-considérables dans les champs ensemencés, qui avoisinent les bois qu'il habite. La chasse du sanglier est très-dangereuse; il se jette sur les chiens, sur les chevaux, sur les hommes mêmes; il leur fait de larges blessures avec ses défenses, et les tue souvent sur la place : il est sur tout dangereux quand il est blessé, ou quand la femelle chassée a ses marcassins à défendre. Il voit et sent de très-loin tous ses ennemis; il les attend au passage, et se jette sur eux avec une fureur extraordinaire, capable d'épouvanter toute une meute, ainsi que les chasseurs. Il ne recule point à l'approche des chiens, des loups même les plus gros. Avec la peau du sanglier on fait des cribles; le poil ou soie sert à faire des brosses, des vergettes, des pinceaux qui se vendent très-chers. La laie met bas, tous les ans, huit à dix marcassins : elle en a le plus grand soin. Ces animaux vivent dix-huit à vingt ans.

L'HYÈNE.

L'hyène est un quadrupède féroce et carnassier, que l'on trouve en Asie et en Afrique. Elle fait son habitation dans les lieux les plus retirés, dans les cavernes, dans les fentes des rochers, dans les souterrains qu'elle se creuse. Cet animal est de la grosseur d'un loup ordinaire; son poil grossier, de couleur gris cendré, est tacheté de mouches noires, et orné de quelques bandes transversales, de la même couleur; les poils de son dos sont beaucoup plus longs que ceux des autres parties du corps : ils forment, de cette sorte, une espèce de crinière. De tous les animaux carnassiers l'hyène est la seule qui n'ait que quatre doigts tant aux pieds de devant qu'à ceux de derrière. L'hyène a les oreilles droites, peu longues; ses yeux à fleur de tête, brillent dans l'obscurité : c'est pourquoi l'on croit, et avec raison, qu'elle y voit mieux la nuit que le jour. On a cru autrefois que cet animal était des deux sexes;

mais on s'est con vain cu du con trai re; la fen te ou l'ou ver tu re qu'il a sous la queue, est au ssi peu pro fon de que cè lle du blai reau. Ce ter ri ble qua dru pè de joint, à un cou ra ge ex tra or di nai re, beau coup d'a drè sse; quoi qu'il ait le col roi de, il est très a gi le; il sau te à u ne di stan ce pro di gi eu se. La cha sse de cet a ni mal est pour cet te rai son très dan ge reu se : il est di ffi ci le et très ha sar deux de le pour sui vre : on le ré duit a vec des pei nes in fi ni es. L'hy è ne est in domp ta ble; è lle ne s'a ppri voi se ja mais : on l'a mè ne di ffi ci le ment en Eu ro pe. A Pa ris, de deux hy è nes il n'en rè ste qu'u ne ; de la ra ge d'ê tre ren fer mée, è lle se dé vo re les pa ttes : on la di rait in sen si ble à des sou ffran ces qui pour d'au tres se raient cru è lles. L'hy è ne ne craint point le li on; quoi que du dou ble plus gros qu'è lle, è lle ose lui ré si ster et s'en dé fen dre. È lle ter ra sse l'ours, È lle a tta que la pan thè re, se jet te sur les bè sti aux, en fon ce les por tes des é ta bles, met tout à mort. È lle man ge quel que fois de jeu nes pou sses d'ar bres, mais è lle ne peut se ra ssa si er de la chair des hom mes et des a ni maux: quand u ne fois è lle en a man gé, mal heur a lors à la con trée qu'è lle ha bi te! Fau te de proie, è lle dé ter re les ca da vres; è lle suit les ar mées; è lle a la fa cul té, dit on, de su ppor ter la faim pen dant un temps très con si dé ra ble. On a beau coup par lé d'un a ni mal fé ro ce qui ha bi tait les mon ta gnes du Gé vau dan, qui a vait dé vo ré u ne in fi ni té de per so nnes et d'a ni maux; on a cru que ce cru el a ni mal é tait u ne hy è ne; mais on s'est con vaincu, après l'avoir tué, que ce n'était qu'un loup cervier.

L'hyène est un quadrupède féroce et carnassier, que l'on trouve en Asie et en Afrique ; elle fait son habitation dans les lieux les plus retirés, dans les cavernes, dans les fentes des rochers, dans les souterrains qu'elle creuse. Cet animal est de la grosseur d'un loup ordinaire ; son poil grossier, de couleur gris cendré, est tacheté de mouches noires, et orné de quelques bandes transversales, de la même couleur ; les poils de son dos sont beaucoup plus longs que ceux des autres parties du corps ; ils forment, de cette sorte, une espèce de crinière. De tous les animaux carnassiers, l'hyène est la seule qui n'ait que quatre doigts tant aux pieds de devant qu'à ceux de derrière ; l'hyène a les oreilles droites peu longues ; ses yeux à fleur de tête brillent dans l'obscurité : c'est pourquoi l'on croit, et avec raison, qu'elle y voit mieux la nuit que le jour. On a cru autrefois que cet animal était des deux sexes ; mais on s'est convaincu du contraire. La fente ou l'ouverture qu'il a sous la queue est aussi peu profonde que celle du blaireau. Ce terrible quadrupède joint à un courage extraordinaire beaucoup d'adresse ; quoiqu'il ait le col roide, il est très-agile ; il saute à une distance prodigieuse ; la chasse de cet animal est, pour cette raison, très-dangereuse. Il est difficile et très-hasardeux de le poursuivre : on le réduit avec des peines infinies. L'hyène est indomptable : elle ne s'apprivoise jamais ; on l'amène difficilement dans aucun pays de l'Europe. A Paris, de deux hyènes il n'en reste qu'une à la Ménagerie : de la rage d'être renfermée, elle se dévore les pattes; on la dirait insensible à des souffrances, qui, pour tout autre, seraient cruelles. L'hyène ne craint point le lion: quoique du double plus gros qu'elle, elle ose lui résister et s'en défendre; elle terrasse l'ours, elle attaque la panthère, se jette sur les bestiaux, enfonce les portes des étables et met tout à mort. Elle mange quelquefois de jeunes pousses d'arbres; mais elle ne peut se rassasier de la chair des hommes et des animaux. Quand une fois elle en a mangé, malheur alors à la contrée qu'elle habite! Faute de proie, elle déterre les cadavres; elle suit les armées : elle a la faculté (dit-on) de supporter la faim pendant un temps considérable. On a beaucoup parlé d'un animal féroce qui habitait les montagnes du Gévandan, qui avait dévoré une infinité de personnes et d'animaux. On a cru que ce cruel animal était une hyène; mais on s'est convaincu, après l'avoir tué, que ce n'était qu'un loup-cervier.

LE LOUP.

Le loup est un qua dru pè de sau va ge et car ni vo re; il a le cou roi de et court, au point que, s'il veut voir de cô té, il est o bli gé de se tour ner en en ti er. Il a ce pen dant beau coup de res sem blan ce a vec le chi en par la for me; mais son na tu rel est bi en di ffé rent. Le loup a un a ppé tit in sa ti a ble pour la chair; il ne peut s'a ppri voi ser; il est l'en ne mi de tous les a ni maux que l'ho mme a su met tre sous sa dé pen dan ce, et qui lui sont le plus u ti les; il gra tte, il creu se la ter re sous les por tes, il en tre dans les ber ge ries, met tout à mort, et se char ge en sui te de sa proie. L'hi ver, quand il est a ffa mé, il est très dan ge reux pour les ho mmes, pour les en fans sur tout; on le voit les nuits sui vre les vo ya geurs; et si l'on a le ma lheur de tom ber, on est à l'in stant dé vo ré. Le loup bles sé re vi ent sur le cha sseur qui l'a ti ré, il se jet te sur lui, et le dé vo re rait si ce lui ci ne gar dait pas tout son sang froid et sa pru den ce. On par le d'un pay san qui fut a ssez har di pour o ser sai sir à bra sse corps un loup qui lui ve nait de ssus ; il le ter ra ssa, et le re tint jus qu'à ce qu'on l'eût a sso mmé en tre ses bras. Le loup est lourd et pol tron : c'est pour quoi la plu part des a ni maux qu'il pour suit lui é cha ppent. Nous a vons des chi ens a ssez forts pour a tta quer le loup, le ter ra sser et l'é tran gler ; quand un loup s'a per çoit qu'un chi en est plus fort que lui, il s'en é loi gne, mais il vi ent en sui te à bout du chi en par la ru se ; pour ce la, il fait so ci é té a vec sa fe mè lle ou a vec d'au tres loups ; un d'eux vi ent a ga cer le chi en, se fait pour sui vre, et l'a tti re dans les li eux où ils sont en em bu sca de ; ils se jet tent tous a lors sur le chi en im pru dent et le dé vo rent. Les loups ont tant d'i ni mi ti é con tre les chi ens, qu'ils pa rai ssent pren dre plai sir à é ten dre dans tou te leur lon gueur les bo yaux du chi en qu'ils ont tu é. Nous a vons, à la mé na ge rie de Pa ris, le mâ le et la fe mè lle de ces a ni maux. Cet te der ni è re a fait plu si eurs por tées : ses pre mi ers pe tits ont vé cu ; mais de puis peu d'a nées è lle les dé vo re, quel que fois mê me a près les a voir nour ris pen dant deux mois. Les loups cha ssent de so ci é té les gran des bê tes ; quand l'ex pé di ti on est fai te, ils se sé pa rent. Un vo ya geur ra ppor te qu'en A fri que le loup cha sse a vec le li on, qu'il ai de au roi des a ni maux à é ven ter les ob jets de sa cha sse ; il a jou te a voir en ten du hur ler des loups par mi des li ons ru gi ssans; et que, pa ssant la nuit dans la ca hu te d'un nè gre, un li on et un loup sau tè rent sur le toit, pri rent cha cun un des poi ssons qui é taient su spen dus au haut de la che mi née pour y sé cher, et s'en a llè rent sans cher cher à en trer dans la ca hu te, quoi que la cho se leur eût é té fa ci le, puis que l'ou ver ture de la che mi née é tait très spa ci eu se.

Le loup est un quadrupède sauvage et carnivore; il a le cou roide et court, au point que, s'il veut voir de côté, il est obligé de se tourner en entier. Il a cependant beaucoup de ressemblance avec le chien par la forme; mais son naturel est bien différent. Le loup a un appétit insatiable pour la chair; il ne peut s'apprivoiser; il est l'ennemi de tous les animaux que l'homme a su mettre sous sa dépendance, et qui lui sont les plus utiles; il gratte, il creuse la terre sous les portes, il entre dans la bergerie, met tout à mort, et se charge ensuite de sa proie. L'hiver, quand il est affamé, il est très-dangereux pour les hommes, pour les enfans sur-tout; on le voit suivre les voyageurs; et si l'on a le malheur de tomber, on est à l'instant dévoré. Le loup blessé revient sur le chasseur qui l'a tiré, il se jette sur lui, et le dévorerait si celui-ci ne gardait pas tout son sang-froid et sa prudence. On parle d'un paysan qui fut assez hardi pour oser saisir à brasse-corps un loup qui lui venait dessus; il le terrassa, et le retint jusqu'à ce qu'on l'eût assommé entre ses bras. Le loup est lourd et poltron; c'est pourquoi la plupart des animaux qu'il poursuit lui échappent. Nous avons des chiens assez forts pour attaquer le loup, le terrasser et l'étrangler; quand un loup s'aperçoit qu'un chien est plus fort que lui, il s'en éloigne; mais il vient ensuite à bout du chien par la ruse. Pour cela, il fait société avec sa femelle ou avec d'autres loups : un d'eux vient agacer le chien, se fait poursuivre et l'attire dans les lieux où ils sont en embuscade; ils se jettent tous alors sur le chien imprudent et le dévorent. Les loups ont tant d'inimitié contre les chiens, qu'ils paraissent prendre plaisir à étendre dans toute leur longueur les boyaux du chien qu'ils ont tué. Nous avons, à la ménagerie de Paris, le mâle et la femelle de ces animaux. Cette dernière a fait plusieurs portées : ses premiers petits ont vécu; mais depuis peu d'années elle les dévore, quelquefois même après les avoir nourris pendant deux mois. Les loups chassent de société les grandes bêtes; quand l'expédition est faite, ils se séparent. Un voyageur rapporte qu'en Afrique le loup chasse avec le lion, qu'il aide au roi des animaux à éventer les objets de sa chasse; il ajoute avoir entendu hurler des loups parmi des lions rugissans, et que, passant la nuit dans la cahute d'un nègre, un lion et un loup sautèrent sur le toit, prirent chacun un poisson qui était suspendu au haut de la cheminée pour y sécher, et s'en allèrent sans chercher à entrer dans la cahute, quoique la chose leur eût été facile, puisque l'ouverture de la cheminée était très-spacieuse.

L'OURS.

L'ours se trou ve en Eu ro pe, en A sie et en A mé ri que ; on en di stin gue de deux è spè ces : l'u ne de ter re et l'au tre de mer. L'ours brun et l'ours noir sont des a ni maux ter rè stres. L'ours qui est blanc, dans tou tes les sai sons, est l'ours de mer; le noir est le plus grand et le plus co mmun des ours ter rè stres ; il ne vit que de fruits et de grains. L'ours brun, au con trai re, est très fé ro ce et très car na ssi er ; il fait sa proie des pe tits a ni maux ; tous les ours, en gé né ral, ai ment beau coup le pain, le mi el et le lait. Ils di ffè rent peu les uns des au tres par la for me ; ils ont tous les pa ttes lar ges et prè sque en for me de mains, la queue cour te, le poil long, é pais ; ils grim pent fort bi en sur les ar bres ; si l'ours est bles sé ou s'il est en fu reur, ma lheur à l'ho mme qui se trou ve rait sur son pa ssa ge ou sur un ar bre, sans a voir u ne ha che en main pour cou per les pa ttes de l'a ni mal à son a ppro che : ce se rait fait de lui ! La cha sse en est donc très dan ge reu se. L'ours de ter re dort pen dant l'hi ver, quel que fois qua tor ze se mai nes, soit dans des troncs d'ar bres creux, soit sous des ra ci nes, par mi des brou ssa illes, soit en fin dans des pe ti tes ca ba nes, qu'il se con struit in gé ni eu se ment, a vec des bran cha ges bi en gar nis de mou sses et d'her bes, de ma ni è re que la pluie ne peut y pé né trer; il a en co re soin de ta pi sser le de dans de mou sse, de foin, de feu illes, etc., pour y ê tre mo lle ment cou ché. Il n'est point en gour di comme l'ours blanc, la mar mot te et le loir. Les ours ter rè stres so mmè illent seu le ment; ils sou ti è nnent leur é xi sten ce, en se lè chant les pa ttes, d'où su in te u ne hu meur grai sseu se; ils sor tent de cet é tat très mai gres et très a ffa més. Les Sa vo yards a pprè nnent fa ci le ment aux jeu nes ours à dan ser, à gè sti cu ler et à sau ter; ils les pro mè nent dans tous les pai is de l'Eu ro pe, pour ob te nir quel ques au mô nes. La chair des ours ter rè stres est très bo nne; les jam bons et les pa tu rons en sont sur tout très dé li cats; les peaux d'ours sont u ne ex cè llen te four ru re commu ne, ser vant à quan ti té de meu bles; on prend ai sé ment les ours a vec un mé lan ge de mi el et d'eau de vie. Co mme ils sont très fri ands de mi el, ils s'en i vrent au point qu'on peut les pren dre sans dan ger. Les ours ter rè stres de vi è nnent blancs pen dant les ri gueurs de l'hi ver; ils ont ce la de commun a vec le li è vre, le la pin et l'her mi ne qui ha bi tent la Li thu a nie. L'ours blanc et a qua ti que, quoi que plus gros, est beau coup plus vif et lé ger que l'ours ter rè stre ; il vit d'oi seaux, de poi ssons, des ca da vres de ba lei nes, des chi ens ma rins; il a tta que les pho ques aux trous de la gla ce, quand ils vi è nnent rè spi rer de temps en temps. Les ours blancs se sou ti è nnent les uns les au tres quand ils sont a tta qués ; ils sont très dan ge reux : il faut ê tre très a droit et bi en armé pour é vi ter leur fu reur. L'ours blanc au mois de sep tem bre est sur char gé de grai sse : c'est a lors qu'il cher che une re trai te pour l'hi ver ; il se met dans quel que fen te de ro chers ou dans quel ques a mas de gla ce; il rè ste dans u ne vé ri ta ble lé thar gie; il est quel que fois cou vert par quin ze pi eds de nei ge; il est en co re pa ssa ble ment gras, quoi qu'a yant rè sté en gour di pen dant cinq mois. La four ru re de l'ours blanc est très è sti mée : la du rée de la vie des uns et des au tres est de vingt à vingt cinq ans. Les fe mè lles des ours ter rè stres met tent bas cha que a nnée trois à cinq pe tits our sons; il est très dan ge reux de les a tta quer, lor squ'è lles a llai tent leurs pe tits. La fe mè lle de l'ours blanc dé po se un seul pe tit sur la gla ce, et lor squ'è lle vo ya ge, è lle le por te sur son dos. L'ours blanc ha bi te les mers gla ci a les ; on le trou ve dans la Si bé rie, aux em bou chu res de la Lé na et du Jé ni ssé a ; il y en a beau coup dans le Spitz berg.

L'ours se trouve en Europe, en Asie et en Amérique. On en distingue de deux espèces, l'une de terre et l'autre de mer. L'ours qui est blanc, dans toutes les saisons, est l'ours de mer. Le noir est le plus grand et le plus commun des ours terrestres : il ne vit que de fruits et de grains; l'ours brun, au contraire, est très-féroce et très-carnassier; il fait sa proie des petits animaux. Tous les ours en général aiment beaucoup le pain, le miel et le lait : ils diffèrent peu les uns des autres par la forme; ils ont tous les pattes larges et presqu'en forme de mains, la queue courte, le poil long, épais; ils grimpent fort bien sur les arbres; si l'ours est blessé, ou s'il est en fureur, malheur à l'homme qui se trouve sur son passage, ou sur un arbre, sans avoir une hache en main pour couper les pattes de l'animal à son approche : ce serait fait de lui! la chasse en est donc très-dangereuse. L'ours dort pendant l'hiver quelquefois quatorze semaines, soit dans des troncs d'arbres creux, soit sous des racines, parmi les broussailles, soit enfin dans de petites cabanes, qu'il se construit ingénieusement, avec des branchages bien garnis de mousse et d'herbes, de manière que la pluie ne puisse y pénétrer; il a encore soin de tapisser le dedans de mousse, de foin, de feuilles, etc., pour y être mollement couché. Il n'est point engourdi comme l'ours blanc, la marmotte et le loir. Les ours terrestres sommeillent seulement; ils soutiennent leur existence en se léchant les pattes, d'où suinte une humeur graisseuse; ils sortent de cet état très-maigres et très-affamés. Les Savoyards apprennent facilement aux jeunes ours à danser, à gesticuler et à sauter; ils les promènent dans tous les pays de l'Europe pour obtenir quelques aumônes. La chair des ours terrestres est très-bonne, les jambons et les paturons en sont très-délicats. Les peaux d'ours sont une excellente fourrure commune, servant à quantité de meubles. On les prend aisément avec un mélange de miel et d'eau-de-vie; comme ils sont très-friands de miel, ils s'enivrent au point qu'on peut les prendre sans danger. Les ours terrestres deviennent blancs, pendant la rigueur de l'hiver; ils ont cela de commun avec le lièvre, le lapin et l'hermine qui habitent la Lithuanie. L'ours blanc et aquatique, quoique plus gros, est beaucoup plus vif et plus léger que l'ours terrestre; il vit d'oiseaux, de poissons, des cadavres de baleines, des chiens marins. Il attaque les phoques aux trous de la glace, quand ils viennent respirer de temps en temps. Les ours blancs se soutiennent les uns les autres quand ils sont attaqués; ils sont très-dangereux : il faut être très-adroit et bien armé pour éviter leur fureur. L'ours blanc, au mois de septembre, est surchargé de graisse : c'est alors qu'il cherche une retraite pour l'hiver; il se met dans quelques fentes de rochers, ou dans quelques amas de glace; il reste dans une véritable léthargie; il est quelquefois couvert de quinze pieds de neige. Il est encore passablement gras, quoiqu'ayant resté engourdi pendant cinq mois. La fourrure de l'ours blanc est très-estimée. La durée de la vie des uns et des autres est de vingt à vingt-cinq ans. Les femelles des ours terrestres mettent bas, chaque année, trois à cinq petits oursons : il est très-dangereux de les attaquer lorsqu'elles allaitent leurs petits. La femelle de l'ours blanc dépose un seul petit sur la glace; et lorsqu'elle voyage, elle le porte sur son dos. L'ours blanc habite les mers glaciales; on le trouve dans la Sibérie, aux embouchures de la Léna et du Jénisséa : il y en a beaucoup dans le Spitzberg.

LA GIRAFE.

La girafe, surnommée caméléopard, à cause de sa ressemblance avec la panthère et le chameau, a une structure singulière : les jambes antérieures sont du double plus hautes que celles de derrière; son poil est de couleur de chair; sa peau est remarquable par une grande quantité de taches brunes; ses cornes sont petites, simples et compactes, recouvertes d'une peau velue; mais elles sont nues à l'extrémité : on croirait, à voir cet animal, qu'il ne peut se soutenir. En effet, sa marche est lourde et lente. Quand il veut boire ou paître, il est obligé de s'agenouiller, quoiqu'il ait le col fort long. Il mange ordinairement des feuilles d'arbres. La girafe est un des plus grands quadrupèdes connus : elle est peu commune. On la trouve dans les deserts de l'Éthiopie, dans quelques autres provinces de l'Afrique méridionale et des Indes. On prétend que la girafe peut atteindre des feuilles d'arbres à quinze à seize pieds de hauteur ; son pas est l'amble : il ne paraît pas que l'homme s'en soit servi pour les mêmes usages que le chameau ou le dromadaire, etc. Je ne crois pas même que l'on puisse s'en servir à aucun ouvrage de charge, de voiture, ni même d'agriculture, ce dont on se convainc à à la vue de celle qui est empaillée au Jardin des plantes. La chair de la girafe passe pour être très bonne à manger ; la moëlle de ses os est surtout excellente. Les Africains font, dit-on, des outres de la peau de ces animaux, pour y conserver l'eau dans toute sa fraîcheur et dans sa limpidité ; ils en font aussi des vases, tant cette peau est épaisse. Chez nous, cette peau serait excellente pour en faire des semelles de bottes, et même les bottes les plus fortes qu'on puisse faire.

La girafe, surnommée caméléopard à cause de sa ressemblance avec la panthère et le chameau, a une construction singulière : les jambes antérieures sont du double plus hautes que celles de derrière ; son poil est de couleur de chair ; sa peau est remarquable par une grande quantité de taches brunes. Ses cornes sont petites, simples et compactes, recouvertes d'une peau velue ; mais elles sont nues à l'extrémité : on croirait, à voir cet animal, qu'il ne peut se soutenir. En effet, sa marche est lourde et lente. Quand il veut boire ou paître, il est obligé de s'agenouiller, quoiqu'il ait le col fort long ; il mange ordinairement des feuilles d'arbres. La girafe est un des plus grands quadrupèdes connus ; elle est peu commune : on la trouve dans les déserts de l'Éthiopie, dans quelques autres provinces de l'Afrique méridionale et des Indes. On prétend que la girafe peut atteindre des feuilles d'arbre à quinze et seize pieds de hauteur. Son pas est l'amble : il ne paraît pas que l'homme s'en soit servi pour les mêmes usages que le chameau ou le dromadaire, etc. Je ne crois pas même que l'on puisse s'en servir à aucun ouvrage de charge, de voiture, ni même d'agriculture, ce dont on se convainc à la vue de celle qui est empaillée au Jardin des Plantes. La chair de la girafe passe pour être très-bonne à manger ; la moelle de ses os est sur-tout excellente. Les Africains font, dit-on, des outres de la peau de ces animaux, pour y conserver l'eau dans toute sa fraîcheur et dans sa limpidité ; ils en font aussi des vases très-solides, tant cette peau est épaisse. Chez nous, cette peau serait excellente pour en faire des semelles de bottes, et même les bottes les plus fortes qu'on puisse faire.

LE ZÈBRE.

Le zè bre est le plus beau de tous les qua dru pè des; ses for mes sont é lé gan tes : il por te la tê te et les o re illes de l'â ne; il a le corps du mu let et du che val le mi eux fait; ses jam bes sont min ces, bi en tour nées; il a la lé gè re té du cerf, il est mê me plus lè ste à la cour se ; il a la queue cour te; il est tè lle ment sau va ge, que l'on n'a pu jus qu'à ce jour l'a ppri voi ser; on le trou ve dans les cli mats les plus chauds de l'A fri que, et au cap de Bon ne E spé ran ce. Je ne sais point s'il y a deux è spè ces de cet a ni mal, ou s'il en é xi ste quel ques va ri é tés, ou si en fin on con fond en sem ble plu sieurs qua dru pè des qui au raient de la res sem blan ce; quoi qu'il en soit, plu si eurs di sent qu'il a la peau d'un brun noi râ tre, or né de raies blan ches et cou leur de pa ille, d'au tres qu'il est rai ié de noir. Au Jardin des Plan tes, on en voit de deux èspèces : l'une qui a la hauteur d'un beau cheval, a la couleur brune, raiiée de noir ; l'autre èspèce est plus belle, mais moins grosse : elle est aussi très bien faite. Sa peau est d'une couleur claire, ornée de bandes noires très bien déssinées sur toutes les parties de son corps, formant le tout ensemble la plus bèlle robe. Le zèbre est indomptable ; il est méchant, et aussi entêté que l'âne ; il rue avec impétuosité contre tous ceux qui l'approchent ; il mord : enfin, il est très dangereux. Nous en voyons fort peu en France. Il est malheureux que l'on n'ait pu le dresser. Que ce serait agréable d'avoir à un cabriolet un de ces superbes animaux ! s'il était docile, avec quèlle rapidité ne ferait on pas le plus long voyage ! Quèlle grâce ne ferait-on pas déployer à un si bel animal, s'il était monté par un bon écuyer ! quel plaisir n'aurait on pas, monté sur le plus beau et le plus léger coursier du monde, et sans doute aussi le plus fort.

On raconte qu'un Anglais èssaiia de faire accoupler une femèlle zèbre avec un âne, qu'èlle le refusa constamment ; qu'èlle ne voulut point souffrir ses approches ; mais l'Anglais ayant fait peindre son âne comme un zèbre, la femèlle, trompée par les apparences, ces deux animaux s'accouplèrent parfaitement : il en résulta un poulain entièrement ressemblant à sa mère.

Le zèbre est le plus beau de tous les quadrupèdes ; ses formes sont élégantes ; il porte la tête et les oreilles de l'âne ; il a le corps du mulet et du cheval le mieux fait; ses jambes sont minces, bien tournées ; il a la légèreté du cerf ; il est même plus leste à la course ; il a la queue courte ; il est tellement sauvage, que l'on n'a pu jusqu'à ce jour l'apprivoiser. On le trouve dans les climats les plus chauds de l'Afrique, ainsi qu'au cap de Bonne-Espérance. Je ne sais point s'il y a deux espèces de cet animal, ou s'il en existe quelques variétés, ou si enfin on confond ensemble plusieurs quadrupèdes qui auraient de la ressemblance ; quoi qu'il en soit, plusieurs disent qu'il a la peau d'un brun noirâtre, ornée de raies blanches et couleur de paille ; d'autres qu'il est rayé de noir. Au Jardin des Plantes on en voit de deux espèces ; l'une, de la hauteur d'un beau cheval, a la couleur brune rayée de noir ; l'autre espèce est plus belle et moins grosse, elle est aussi très-bien faite. Sa peau est d'une couleur claire, ornée de bandes noires très-bien dessinées sur toutes les parties de son corps, formant le tout ensemble la plus belle robe. Le zèbre est indomptable ; il est méchant et aussi entêté que l'âne ; il rue avec impétuosité contre tous ceux qui l'approchent ; il mord, enfin il est très-dangereux. Nous en voyons fort peu en France. Il est malheureux que l'on n'ait pu le dresser. Que ce serait agréable d'avoir à un cabriolet un de ces superbes animaux ! s'il était docile, avec quelle rapidité ne ferait-on pas le plus long voyage ! Quelle grâce ne ferait-on pas déployer à un si bel animal, s'il était monté par un bon écuyer ! Quel plaisir n'aurait-on pas monté sur le plus beau et le plus léger coursier du monde, et sans doute aussi le plus fort !

On raconte qu'un Anglais essaya de faire accoupler une femelle zèbre avec un âne; qu'elle le refusa constamment, et ne voulut point souffrir ses approches; mais que l'Anglais ayant fait peindre son âne comme un zèbre, la femelle fut trompée par les apparences, que ces deux animaux s'accouplèrent parfaitement, et qu'il en résulta un poulain entièrement ressemblant à sa mère.

L'HIPPOPOTAME.

L'hi ppo po ta me est un ani mal am phi bie dont le nom est ti ré du grec, et si gni fie *che val de ri viè re*; c'est le plus grand de tous les ma mmi fè res a près l'é lé phant; il est très co mmun dans les gran des ri viè res d'A fri que; il pré fè re l'eau dou ce à cè lle de la mer; il vi ent pen dant la nuit paî tre l'her be des cam pa gnes; le mi illet, les ca nnes à su cre, le riz, il ra va ge les champs des nè gres et des Ho tten-tots : il vit au ssi de poi ssons qu'il prend a vec beau coup de fa ci li té, car il na ge a vec u ne vi tes se in cro ya ble et plon ge très bi en, il re ste long temps sous les eaux. Il n'est point mé chant; il ne fait de mal à per so nne, si on ne le cha gri ne pas, si on le lai sse a gir à sa vo lon té; mais s'il est ir ri té, il n'est point d'a ni mal plus dan ge reux : bles sé dans l'eau, on a bi en de la pei ne de s'é loi gner de lui, même a vec la mei illeu re cha lou pe; s'il s'en a ppro che, il la fait cha vi rer d'un coup de pi ed; il en lè ve en ou tre a vec ses dents des mor ceaux de plan ches con si dé ra bles : on a donc tout à crain dre de sa fu reur. La na vi ga ti on du Nil est très dan ge reu se à cau se des hi ppo po ta mes qui s'y trou vent en grand nom bre; on les voit, au mo ment que l'on s'y a ttend le moins, a rri ver sous les bâ ti mens, les sou le ver, les cul bu ter, et ce la, dans un clin d'œil. Il est au ssi très dan ge reux à ter re, pui sque, sui vant plu si eurs na tu ra li stes, il ne peut ê tre bles sé que sous le ven tre, par tout a illeurs sa peau est tè lle ment é pai sse qu'il est in vul né ra ble; d'au tres pré ten dent qu'il ne peut ê tre ble ssé qu'à la tê te; que sous le ven tre, co mme par tout a illeurs, il ne peut ê tre en ta mé ni par la ba lle ni par la flè che. Quoi qu'il en soit, s'il est ble ssé, il court sur ses è nne mis a vec u ne fu reur in domp ta ble; il ne qui tte pri se que quand il s'est cru è lle ment ven gé, ou quand on a eu le bo nheur de le tu er. La cha sse de ce qua dru pè de mon stru eux est donc dan ge reu se et té mé rai re. L'hi ppo po ta me est for mi da ble par la quan ti té, la for ce et la gros seur de ses dents ; il en a qua tre à la mâ choi re in fé ri eu re, qui ont un pi ed de long, et sont du poids de dou ze li vres cha cu ne ; è lles sont plus blan ches et plus du res que cè lles de l'é lé phant ; on pré tend que l'on peut s'en ser vir co mme de pi er re à bri quet. La fe mè lle po se à ter re un pe tit tous les ans ; è lle en a tout le soin po ssi ble : è lle lui a pprend à se nour rir sur ter re, à na ger, à plon ger et à pren dre le poi sson dans les eaux. Ce qua dru pè de vi ent dor mir à ter re : le moin dre bruit l'é vè ille, quoi qu'il ron fle très fort ; son re gard est per çant et ter ri ble, son cri est un hé nni sse ment, ses jam bes sont é nor mes, sa tê te est fort gros se, sa gueu le est très gran de, ses na ri nes sont très lar ges, ses yeux sont pe tits, son col est très é pais, il a la queue cour te et gros se, ses pi eds sont gar nis de qua tre doigts, sa peau est noi re. Quand les Eu ro pé ens en font la cha sse, ils tâ chent de lui cas ser les jam bes ; ils l'a sso mment en sui te ; sa chair est ex cè llen te. Le poids to tal de son corps est de trois mi lle li vres ; sa peau seu le pè se un mi lli er : è lle est d'u ne gran de u ti li té.

L'hippopotame est un animal amphibie, dont le nom est tiré du grec, et signifie *cheval de rivière* ; c'est le plus gros de tous les mammifères après l'éléphant ; il est commun dans les grandes rivières d'Afrique ; il préfère l'eau douce à celle de la mer : il vient pendant la nuit paître l'herbe des campagnes, le millet, les cannes à sucre, le riz; il ravage les champs des nègres et des Hottentots; il vit aussi de poissons qu'il prend avec beaucoup de facilité, car il nage avec une vitesse incroyable et plonge très-bien; il reste long-temps sous les eaux. Il n'est point méchant; il ne fait de mal à personne, si on ne le chagrine pas, si on le laisse agir à sa volonté; mais s'il est irrité, il n'est point d'animal plus dangereux : blessé dans l'eau, on a bien de la peine de s'éloigner de lui, même avec la meilleure chaloupe : s'il s'en approche, il la fait chavirer d'un coup de pied; il enlève en outre avec ses dents des morceaux de planche considérables. On a donc tout à craindre de sa fureur. La navigation du Nil est très-dangereuse à cause des hippopotames qui s'y trouvent en grand nombre; on les voit, au moment que l'on s'y attend le moins, arriver sous les bâtimens, les soulever, les culbuter, et cela, dans un clin d'œil. Il est aussi très-dangereux à terre, puisque, suivant plusieurs naturalistes, il ne peut être blessé que sous le ventre; par-tout ailleurs sa peau est tellement épaisse, qu'il est invulnérable; d'autres prétendent qu'il ne peut être blessé qu'à la tête; que sous le ventre, comme par-tout ailleurs, il ne peut être entamé ni par la balle ni par la flèche, etc. Quoi qu'il en soit, s'il est blessé, il court sur ses ennemis avec une fureur indomptable; il ne quitte prise que quand il s'est cruellement vengé, ou quand on a eu le bonheur de le tuer. La chasse de ce quadrupède monstrueux est donc dangereuse et téméraire. L'hippopotame est formidable par la quantité, la force et la grosseur de ses dents ; il en a quatre à la mâchoire inférieure, qui ont un pied de long, et sont du poids de douze livres chacune ; elles sont plus blanches et plus dures que celles de l'éléphant ; on prétend que l'on peut s'en servir comme d'une pierre à briquet. La femelle pose à terre un petit tous les ans ; elle en a tout le soin possible : elle lui apprend à se nourrir sur terre, à nager, à plonger et à prendre le poisson dans les eaux. Ce quadrupède vient dormir à terre : le moindre bruit l'éveille, quoiqu'il ronfle très-fort ; son regard est perçant et terrible, son cri est un hennissement, ses jambes sont énormes, la tête est fort grosse, la gueule est très-grande, ses narines sont très-larges, ses yeux sont petits, son col est très-épais, il a la queue courte et grosse, ses pieds sont garnis de quatre doigts, sa peau est noire. Quand les Européens en font la chasse, ils tâchent de lui casser les jambes ; ils l'assomment ensuite : sa chair est excellente. Le poids total de son corps est de trois mille livres ; sa peau seule pèse un millier : elle est d'une grande utilité.

LE XÉ,

CERF DE LA CHINE.

Le xé est un petit cerf sans cornes que l'on trouve en Chine; son museau est alongé, ses oreilles ressemblent beaucoup à celles du lapin; ses pieds sont très fendus; on dit son poil blanc et brun. Du reste, en décrivant le cerf de France, on décrit celui de la Chine; il n'y a d'autre différence entre le xé et les autres cerfs, si non que le premier n'a point de cornes, et que les autres en ont de grandes ou de petites, suivant leur âge et les lieux qu'ils habitent.

Le cerf se trouve dans les quatre parties du monde; c'est un animal très pacifique; il est très curieux: s'il aperçoit quelque chose de nouveau pour lui, il s'approche, en courant, pour le voir de plus près; quand il a bien vu, il s'enfonce dans les forêts; si ce sont des hommes armés, surtout accompagnés de chiens, il ne s'arrête guère; il fuit au loin de toute sa force : s'il se voit serré de près, atteint, mis à l'étroit, pour lors il se défend en lion, donne de son bois à droite et à gauche, blesse souvent les chiens, les chevaux, les hommes mêmes. On raconte qu'un cerf, contre lequel on avait lâché un tigre, se défendit si bien, qu'il mit en fuite ce cruel animal. Comme on le voit, si le cerf voulait faire usage de son bois, il serait bien difficile de le chasser. Cette chasse est le plus grand des plaisirs que prènnent les rois, les princes : on les voit tout un jour chasser la bête, pour se délasser de l'ennui des affaires, et trouver la journée trop courte, quand ils n'ont pu parvenir à forcer le cerf ou à le tuer à coups de fusil. Ces jolis quadrupèdes vivent d'herbes, de mousse, d'écorces tendres, de glands, de faînes, de fruits sauvages. La femèlle, que l'on nomme biche, fait tous les ans une portée, ordinairement d'un faon, rarement de deux. Èlle porte huit mois ; èlle a quatre mamèlles. On compte les années du cerf par les nœuds de son bois. Le bois de l'année précédente tombe ordinairement en mars ou en avril ; il repousse à la place deux autres perches plus longues et plus fortes. Le cerf ne commence à avoir des cornes qu'à l'âge de deux ans : èlles sont très utiles dans les arts ; les couteliers en font des manches de couteau. L'apothicaire emploie la corne de cerf dans les préparations de divers médicamens : on la dit être un puissant émétique. Si le cerf habite dans un paiis fertile, si la nourriture est abondante et de son goût, son bois est superbe; dans un païis humide, mais fertile, son bois est grand, tendre et léger; dans les contrées stériles et sèches; son bois est court, dur et pesant; ce bois tient du végétal et de l'animal. La chair du cerf est bonne, le lait de biche est excèllent; sa peau diffère peu de cèlle du daim : par conséquent èlle est très èstimée dans le commerce.

Le xé est un petit cerf sans cornes, que l'on trouve en Chine; son museau est alongé, ses oreilles ressemblent beaucoup à celles du lapin; ses pieds sont très-fendus; on dit son poil blanc et brun. Du reste, en décrivant le cerf de France, on décrit celui de la Chine. Il n'y a d'autre différence entre le xé et les autres cerfs, sinon que le premier n'a point de cornes, et que les autres en ont de grandes ou petites, suivant leur âge et les lieux qu'ils habitent.

Le cerf se trouve dans les quatre parties du monde; c'est un animal très-pacifique; il est très-curieux : s'il aperçoit quelque chose de nouveau pour lui, il s'approche, en courant, pour le voir de plus près; quand il l'a bien vu, il s'enfonce dans les forêts; si ce sont des hommes armés, sur-tout accompagnés de chiens, il ne s'arrête guère; il fuit au loin de toute sa force : s'il se voit serré de près, atteint, mis à l'étroit, il se défend en lion, donne de son bois à droite et à gauche, blesse souvent les chiens, les chevaux, les hommes mêmes. On raconte qu'un cerf, sur lequel on avait lâché un tigre, se défendit si bien, qu'il mit en fuite ce cruel animal. Comme on le voit, si le cerf voulait faire usage de son bois, il serait bien difficile de le chasser. Cette chasse est le plus grand des plaisirs que prennent les rois, les princes. On les voit tout un jour chasser la bête pour se délasser de l'ennui des affaires, et trouver la journée trop courte, quand ils n'ont pu parvenir à forcer le cerf ou à le tuer. Ces jolis quadrupèdes vivent d'herbes, de mousse, d'écorces tendres, de glands, de faînes, de fruits sauvages. La femelle, que l'on nomme biche, fait tous les ans une portée, ordinairement d'un faon, rarement de deux. Elle porte huit mois; elle a quatre mamelles. On compte les années du cerf par les nœuds de son bois. Le bois de l'année précédente tombe ordinairement en mars ou en avril; il repousse à la place deux autres perches plus longues et plus fortes. Le cerf ne commence à avoir des cornes qu'à l'âge de deux ans; elles sont très-utiles dans les arts : les couteliers en font des manches de couteau. L'apothicaire emploie la corne de cerf dans les préparations de divers médicamens : on la dit être un puissant émétique. Si le cerf habite dans un pays fertile, si sa nourriture est abondante et de son goût, son bois est superbe; dans un pays humide, mais fertile, son bois est grand, tendre et léger; dans les contrées stériles et sèches, son bois est court, dur et pesant; ce bois tient du végétal et de l'animal. La chair du cerf est bonne; le lait de la biche est excellent; sa peau diffère peu de celle du daim : elle est, par conséquent, très-estimée dans le commerce.

TROISIÈME SÉRIE

Comprenant l'Histoire de quarante-quatre objets Figurés.

LA TORTUE.

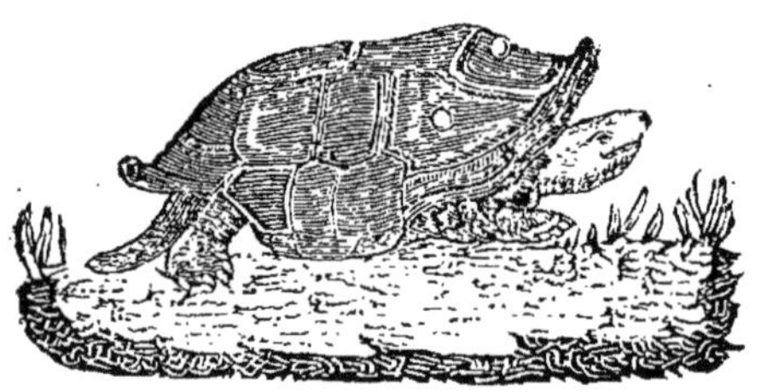

La tortue est un reptile ovipare d'une grande utilité ; on en trouve dans tous les pays : les plus grosses sont dans les contrées chaudes de l'Asie, de l'Afrique, de l'Amérique ; elles font quatre-vingts à cent œufs par an ; elles les déposent et les abandonnent à la chaleur de l'atmosphère : deux mois après, les œufs étant éclos, la femelle revient visiter les lieux où elle les avait déposés ; si c'est une tortue de mer ou d'eau douce, elle les conduit à l'eau et leur apprend à chercher leur nourriture ; celle de terre les mène paître.

Les tortues d'eau vivent de poissons, d'écrevisses, de vers et d'autres animaux aquatiques ; celles de terre mangent de l'herbe et des plantes. La durée de leur vie est de quatre-vingt-dix à cent ans ; elles croissent jusqu'à la mort. Les tortues sont très-vivaces, car la tête coupée et le ventre ouvert, elles peuvent vivre encore quelques jours; on prétend aussi qu'elles peuvent rester une année sans manger. Il y a des tortues de toute grosseur : les unes sont très-petites; les autres, qui sont aussi grosses qu'un bœuf, pèsent sept à huit cents livres. La chair de la tortue est verte et grasse : elle a le goût du poulet. Les marins s'en régalent dans leurs voyages; leurs écailles servent à une infinité d'ustensiles très-utiles.

Les œufs de la tortue franche sont très-bons à manger; sa chair fraîche est excellente pour rétablir la santé des navigateurs scorbutiques; on la mange aussi salée. On harponne la tortue dans la mer; on la retourne sur le dos quand elle est à terre, et on la dépéce à coup de hache. Si on l'attaque en face, elle jette au visage une grande quantité de sable, et si elle peut tenir son ennemi, elle l'écrase sous son poids. Celle qu'on appelle Géant ou Midas est la plus grosse de toutes; elle peut marcher avec dix hommes sur son dos; le char le plus pesant passerait dessus sans même l'endommager.

En en décrivant une, on les décrit toutes pour la structure; elles ont une cuirasse osseuse dessous et dessus, dans laquelle elles se renferment; elles ne craignent ni les serres des oiseaux, ni les dents des mammifères carnassiers. La cuirrasse de dessus s'appelle carapace; elle est convexe, les vertèbres y sont attachées, la pièce inférieure est réunie à la poitrine, sa forme est aplatie : elle ne tient à la carapace que par les côtés; on la nomme plastron. Il n'y a donc que deux ouvertures pour laisser passage à la tête, aux pattes et à la queue : la tortue n'a pas de dents, mais seulement des os festonnés, propres à broyer les substances compactes : sa bouche s'étend jusqu'aux oreilles, qu'on ne peut voir, parce qu'elles sont cachées ; les yeux sont gros et saillans ; les membres sont très-forts ; ils sont enveloppés d'une peau attachée à la carapace et au plastron qui est garni d'écailles.

Le caret est une tortue de mer qui se trouve en Amérique et en Asie : on ne le recherche pas pour sa chair, qui, agréable au goût, est quelquefois malsaine ; mais pour la carapace, dont la substance est cette belle écaille dont on fait divers ustensiles et des bijoux : après l'avoir amollie dans l'eau chaude, on la met dans des moules, où on lui donne, à l'aide d'une forte presse de fer, la forme qu'on désire ; on la polit ensuite.

La bourbeuse habite les rivières ; on en trouve beaucoup dans les départemens méridionaux de la France ; elle détruit les limaçons des jardins ; on s'en sert en médecine pour faire les bouillons antiscorbutiques.

La tortue grecque se trouve dans les bois et sur les hauteurs de la Sardaigne ; on fait grand cas de sa chair et de ses œufs ; on boit aussi son sang tout cru.

LE LION.

Le lion est le plus courageux, le plus fort, le plus robuste, le plus terrible et le plus dangereux de tous les animaux carnassiers; sa tête est monstrueuse et charnue, son front est carré et sillonné par les rides, son nez est long, il a les sourcils très-épais, ses yeux sont vifs, sa langue est couverte de pointes tellement dures, qu'en léchant il peut enlever la peau des animaux qu'il saisit, sa mâchoire est garnie de vingt-huit dents, sa taille et son regard sont majestueux, sa voix est effrayante, sa démarche est grave et fière; tous ses mouvemens sont souples et faciles. Le lion le plus grand a huit pieds de longueur sur quatre de hauteur; sa queue est souple et formidable: d'un seul coup, il terrasserait l'homme le plus fort. Cet animal redoutable habite les climats chauds et brûlans de l'Asie ; il vit environ vingt à vingt-cinq ans ; il se nourrit le plus ordinairement de singes et de gazelles ; il se rend maître de tous les animaux, à l'exception de l'éléphant, du tigre, du rhinocéros, de l'hippopotame, qui peuvent en quelque sorte lui résister. On prétend qu'une fois rassassié, il peut rester trois jours sans manger ; mais il boit toutes les fois qu'il en a l'occasion ; la lionne est beaucoup plus petite : quand elle a des petits, elle est très-dangereuse ; elle se jette sur tout ce qu'elle rencontre, même sur les hommes, quel que soit leur nombre. Le lion, pris jeune, peut s'apprivoiser ; cependant il ne faut pas s'y fier : des malheureux cornacs ou conducteurs ont été la victime de leur imprudence en différentes circonstances ; dernièrement même, un individu, pour montrer la docilité et la douceur d'un lion qu'il exposait aux regards du public, avait coutume de confier sa tête à la gueule de cet animal. Le lion, reprenant un jour toute sa férocité, le dévora en présence de nombreux spectateurs. Cet animal est cependant sensible aux bienfaits, comme il est implacable envers ceux qui l'irritent ; on raconte qu'un lion pris jeune s'était tellement apprivoisé, qu'on lui avait laissé toute liberté ; il allait dans la maison d'une pièce à une autre, dans les jardins, dans les cours sans faire aucun mal aux animaux qu'il rencontrait, au contraire, vivant avec eux en grande intelligence, il prit tellement en amitié un petit chien qu'il ne le quitta plus ; le petit animal étant mort quelques années après, le lion mourut aussi en moins de trois jours sur son petit compagnon.

Un esclave, nommé Androclès, appartenait à un maître dur et inhumain. L'ayant suivi en Afrique, lassé des mauvais traitemens qu'on lui faisait endurer, il quitta son maître et s'enfonça dans les déserts, préférant mourir de faim ou être dévoré par les bêtes féroces, que d'être continuellement et injustement maltraité. S'étant retiré dans un antre, il y voit entrer après lui un lion monstrueux, boitant et rugissant de fureur des souffrances qu'il endurait. Le lion apercevant l'homme, s'approche et se couche près de lui; il lui présente sa patte. Androclès, revenu de sa frayeur, prend la patte du lion, lui arrache un éclat de bois, presse la plaie et en fait sortir le pus. Le lion soulagé, s'endormit. A son réveil, il caressa son bienfaiteur, sortit à l'instant, et ne tarda pas à revenir chargé d'une bonne proie qu'il présenta à Androclès. Ce dernier resta trois ans dans cette caverne, habitant avec le lion son nourricier. L'esclave, voulant quitter cette vie sauvage, abandonna le lion et les déserts; il fut arrêté, conduit à Rome, et condamné, comme esclave fugitif, à être dévoré par les bêtes féroces. On allait à ces sortes d'exécution comme à un spectacle. Il y avait, ce jour-là, grande affluence de spectateurs. Le malheureux Androclès paraît dans l'arène, armé d'un poignard, ainsi que le voulait l'usage. Les bêtes féroces sont lâchées contre lui; il se couche par terre, sans mouvement, plus mort que vif, attendant le cruel et malheureux sort qui lui était destiné. Un énorme lion, qui tout récemment avait été pris et conduit à Rome, surpassant tous les autres par sa grandeur et son regard féroce, se présente, s'avance, s'approche enfin ; il flaire le malheureux Androclès, le tourne, le retourne, sans lui faire aucun mal. Androclès ose ouvrir les yeux, reconnaît le lion avec lequel il avait passé trois années dans les déserts de l'Afrique ; il se lève, il le caresse, il l'embrasse; le lion rend caresses pour caresses, et montrent tous deux aux spectateurs étonnés un spectacle nouveau. Tout le monde alors applaudit et demande la grâce d'Androclès : ce qui fut accordé sur-le-champ à ce malheureux qui raconta au peuple son histoire. On lui donna la liberté, et la propriété du lion; il conduisait ensuite par-tout ce superbe animal, le faisant voir au public. Il ramassa beaucoup d'argent, et vécut heureux. L'on disait : voilà l'homme qui a guéri le lion ; voilà le lion reconnaissant qui a sauvé la vie de son bienfaiteur.

LE TIGRE.

Le tigre est le plus redoutable des animaux carnassiers; aucun être vivant ne peut subsister dans les lieux qu'il habite; il n'épargne pas même ses petits; aussi, la femelle les cache-t-elle soigneusement. Sa cruauté est donc cause que son espèce est heureusement peu nombreuse, quoique la femelle mette bas tous les ans quatre à cinq petits.

Le tigre met à mort tout ce qu'il rencontre; il n'est jamais rassasié de sang et de carnage. Il est d'une légèreté et d'une force incroyables. On prétend qu'il se saisit d'un buffle, d'un bœuf ou d'un cheval, et qu'il emporte un de ces quadrupèdes à sa gueule avec une vivacité extraordinaire; il fait des bonds de douze à quinze pieds de haut, grimpe sur les arbres avec beaucoup de célérité; il y prend les singes et les oiseaux : il ne mange ces derniers qu'après les avoir plumés il attaque les animaux les plus monstrueux, tels que l'éléphant, le rhinocéros, l'hippopotame; mais il attaque en vain ces deux derniers, parce qu'il ne peut entamer leur peau qui est trop dure et trop épaisse. Pour l'éléphant, il cherche à lui arracher sa trompe; s'il y parvient, il lui saute alors sur le dos, il le déchire, quoique son cuir soit très-fort. L'éléphant, alors souffrant des tourmens inconcevables, se jette par terre, écrase de son poids et par sa chute son cruel ennemi qui ne veut point lâcher prise; mais il périt lui-même, parce qu'une fois par terre, il ne peut se relever; qu'en outre les blessures de sa trompe et de son dos le conduisent à la mort.

Je finirai l'histoire du tigre par l'anecdote suivante. Un matelot, ayant débarqué, se promenait sur le rivage de la mer, le vaisseau étant au port; il ne se doutait point du danger qui le menaçait, et de la mort cruelle qui s'avançait sur lui à grands pas; car, d'un côté, un crocodile venait à lui; de l'autre, s'approchait un tigre. Les personnes de l'équipage qui se trouvaient sur le tillac, s'apercevant du double péril que courait le matelot, eurent la présence d'esprit de lui conseiller, à haute voix, de se précipiter sur-le-champ à terre. Au moment même qu'il exécutait ce qui lui était prescrit, le tigre s'élançait sur lui à douze pieds de distance; ce cruel animal, ne rencontrant point l'homme debout, passe par-dessus, et vient tomber sur le crocodile, qui était prêt de saisir le malheureux. Pendant le temps que le tigre et le crocrodile sont à combattre, le matelot se lève précipitamment, se met à courir, et en peu de temps il est hors de danger; il parvint heureusement au vaisseau, et en fut quitte pour la peur.

L'ÉLÉPHANT.

L'éléphant se trouve dans les climats chauds de l'Afrique et de l'Asie; son cuir, qui est épais d'un bon doigt et d'un gris cendré, ressemble à l'écorce d'un vieux chêne; ses jambes ont la forme de quatre pieds d'arbre, sa tête est monstrueuse, ses oreilles sont très-larges et très-grandes, ses yeux sont petits, mais spirituels, sa trompe est de la longueur de six pieds; il s'en sert comme de la main la plus exercée; il en débouche les bouteilles, épluche les épis de blé, et ramasse les pièces les plus minces; il s'en sert pour respirer : il aspire avec elle l'eau, le vin, etc., et les

6*

porte ensuite dans sa bouche, en lui faisant faire le cercle; il ouvre et ferme les portes, il enlève les fardeaux les plus considérables, arrache les arbres, et se défait par son moyen de ses ennemis les plus terribles. L'éléphant est doué des plus rares qualités; il a l'intelligence du castor, l'adresse du singe, le sentiment du chien; il a beaucoup de courage, de prudence; sa hauteur est prodigieuse: c'est le plus fort de tous les quadrupèdes. On s'en servait autrefois dans la guerre; il portait sur son dos une tour garnie de trente à quarante hommes armés, et obéissait au moindre commandement de son conducteur. Il habite de préférence les contrées humides, couvertes de bois, traversées par des rivières, parce qu'il prend souvent de l'eau avec sa trompe pour s'en jeter sur la peau pour la ramollir; car, sans cette précaution, elle se fendrait et se gercerait à cause de sa dureté: son corps étant plus léger que l'eau, est supporté facilement, sans être obligé de faire de grands mouvemens. L'éléphant se nourrit d'herbes, de blé, de riz, de feuilles d'arbres: on dit que la durée de sa vie est de cent cinquante à deux cents ans. La femelle porte vingt mois et dix-huit jours: elle ne fait qu'un seul petit tous les deux à trois ans.

L'éléphant se ressouvient des bienfaits comme des injures; il est très-enclin à la colère: il est très-dangereux, quand on l'offense; il y a tout à craindre pour la vie de celui qui l'a offensé. Un cornac ayant maltraité injustement un éléphant, celui-ci le jeta sous ses pieds avec sa trompe, le perça de ses défenses, et le tua dans un clin d'œil. La femme du cornac qui était présente se jeta, dans son désespoir, avec ses deux enfans devant les pieds de l'éléphant qui était encore en fureur. L'éléphant parut revenir à lui, et réfléchir sur la mauvaise action qu'il venait de commettre, et donna sur-le-champ une preuve de son repentir ; il prit avec sa trompe et avec douceur l'aîné de ces enfans, le mit sur son dos, et ne voulut jámais souffrir d'autres conducteurs.

Un militaire donnait toujours du pain et de l'eau-de-vie à un éléphant. Un jour que ce soldat s'était enivré, il vint cuver son vin entre les jambes de l'éléphant, et s'endormit. Quelques hommes de garde vinrent pour l'arrêter ; le chef du peloton eut la témérité de saisir le soldat endormi ; l'éléphant le jeta à vingt pas de lui, et lui cassa deux côtes : il se disposait à en faire autant aux autres, lorsqu'ils prirent prudemment la fuite.

Dernièrement, un éléphant que l'on amenait en France, étant sorti de sa loge, son conducteur eut l'imprudence de le maltraiter pour l'y faire rentrer ; l'animal s'étant mis en colère, écrasa quantité de personnes qui se trouvèrent sur son passage. Voyant que l'on ne pouvait l'apaiser, on résolut de le tuer à coups de fusil ; mais la balle glissait sur sa peau, et sa fureur allait en croissant. On avait donc tout à craindre, quand heureusement ses pieds s'engagèrent dans le parquet d'une église où il était entré : ce fut là qu'il fut tué à coups de canon.

LE RHINOCÉROS.

Le rhinocéros est un quadrupède monstrueux, ayant douze pieds d'épaisseur, et près de huit de hauteur : il est presque aussi haut que l'éléphant. Il porte sur le nez une grosse corne longue de trois pieds, très-forte et très-dure ; elle ne tombe jamais : quoiqu'elle ne tienne qu'à la peau, et qu'elle en soit une prolongation, elle y est solidement attachée ; sa tête se termine en petite trompe, ce qui lui donne une physionomie bizarre. Il n'est doué d'aucune qualité : c'est absolument un être stupide. Il vit tranquille ; il ne craint aucun animal carnassier. Sa peau est tellement dure, que ni la griffe des lions, ni celle des tigres, ni le fer ne peuvent l'entamer. S'il entre en fureur, il est alors terrible ; il arrache et déracine les arbres avec sa corne redoutable ; il fait sauter en l'air ours, tigre, lion ; il perce l'éléphant même de sa corne ; il renverse enfin tout ce qu'il trouve sur son passage. Si l'on parvient à le tuer, ce qui est difficile, on mange sa chair; on se sert de sa corne pour faire de jolis ouvrages au tour; son cuir n'est pas moins utile à cause de sa dureté et de son épaisseur. Il vit quarante à cinquante ans. La femelle met bas un seul petit tous les ans. Il habite les mêmes climats, la même contrée que l'éléphant; il prend la même nourriture. Il aime beaucoup à se rouler dans la fange.

LE CHEVAL.

Le cheval est un quadrupède solipède : c'est le plus utile de tous les animaux que l'homme ait su mettre en sa puissance. Le cheval a le caractère vif ardent, étourdi, irascible, il n'aime point le repos; cependant l'homme est parvenu à le rendre le plus docile de tous les animaux : avec un fouet, un mors et des éperons, on le conduit par-tout où l'on veut, sur-tout quand celui qui le dirige est bon écuyer. Il est courageux et plein de vigueur dans les combats ; le bruit des armes et de l'artillerie l'animent au point que bien loin d'être obligé de l'exciter, de le frapper, de l'éperonner dans des charges de cavalerie, le cavalier est encore obligé de modérer son ardeur. Le cheval est robuste et fort, sa structure est superbe, il a de belles proportions, de l'élégance dans son maintien, ses yeux sont vifs et spirituels, ses oreilles, qui sont bien placées, sont très-bien faites et proportionnées ; sa crinière bien garnie accompagne très-bien sa jolie encolure : sa queue longue et touffue termine élégamment la plus belle croupe. Le cheval vit d'herbes fraîches et sèches ; il refuse constamment les substances animales. Si malheureusement il avait les dents grasses, il mourrait de faim, car il ne pourrait plus manger : on serait forcé de lui dégraisser les dents. Le cheval dort debout, à moins qu'il ne soit fatigué ou malade. Les chevaux sont très-multipliés dans toutes les parties de l'univers. Les meilleurs de tous sont ceux de l'Arabie ; ils couchent dans la tente de leurs maîtres, souffrent le badinage, n'osent remuer la nuit, crainte de les blesser ; ils passent le jour dehors, sellés et bridés. Le cheval vit vingt à vingt-cinq ans. En Arabie, en Chine, dans l'île de Saint-Domingue, en Amérique, les chevaux vivent en troupe de cinq ou six cents. A l'aspect de l'homme, ils s'irritent, le regardent d'un air curieux, mais sans effroi ; l'un d'eux s'avance, hennit, prend la fuite : la troupe le suit au galop. Les Kalmouques mangent sa chair. Le lait de jument est la seule boisson de certains peuples de Russie. Le cuir du cheval est d'un grand usage ; il est très-bon pour les tiges de bottes, pour les harnois des chevaux ; on en fait des outres ou sacs dans lesquels on transporte le vin sur le dos des mulets, des ânes, des chevaux, dans les pays montueux et de difficile accès. Le poil de sa queue et de sa crinière est employé avantageusement dans les fabriques de boutons, pour les tamis, pour les toiles de cordes, pour les archets d'instrumens, pour différens tissus ; on en rembourre encore les selles, les coussins, les fauteuils, les canapés, les matelas.

LE BŒUF.

Le bœuf, animal très-connu, est un bisulce ou quadrupède dont le sabot est fendu en deux : il est très-commun en France, en Allemagne, en Hongrie, en Pologne. Le commerce de ce bétail est la principale fortune des Suisses. Le bœuf a ordinairement la couleur rouge foncé; ce n'est qu'un taureau hongré : en décrivant l'un, on décrit l'autre. Cet animal est très-fort et très-robuste. Toute sa structure annonce la force, mais aussi de la lenteur dans les mouvemens. Un bœuf ne pourrait faire plus de six lieues par jour : il lui faudrait même plus de douze heures pour les faire : c'est donc le moins agile des quadrupèdes. Il se nourrit de tous les végétaux ; il ne mange pas à proportion de sa corpulence; il mâche très-mal : aussi la nature l'a-t-elle pourvu de quatre estomacs pour faciliter la digestion ; il rumine, c'est-à-dire, après avoir mâché et avalé ses alimens, et quand ils ont resté un certain temps dans le premier estomac, il les fait revenir à la bouche, et les mâche encore. Quand tout est bien réduit, il avale de nouveau le bol alimentaire, qui passe alors dans les quatre estomacs successivement, où il s'élabore.

Le taureau est plus fort et plus courageux que le bœuf; il se défend de tous les animaux carnassiers, même du lion. Le taureau ne peut supporter le joug; on ne peut l'employer à aucun travail; il ne sert qu'à reproduire son espèce. L'homme emploie les bœufs à ses travaux, tels qu'à la charrue, à la voiture, et attelés deux à deux. La principale force du bœuf réside dans sa tête, dans les muscles du col, et dans ceux du poitrail ; il ne peut supporter le bât ; il aurait même de la peine à porter la moindre charge sur son dos.

Le bœuf gras donne une nourriture très-saine, très-bonne et même succulente. La chair du veau est excellente. La vache, pendant dix, vingt ans, fournit abondamment du lait, que l'on boit, ou dont on fait du beurre, du fromage : on s'en sert aussi pour différens apprêts de ménage. Le petit lait s'emploie avantageusement en médecine. Le sang du bœuf sert dans les teintures, dans les raffineries de sucre pour la clarification. On a trouvé le moyen de retirer de ses pieds de l'huile bonne à brûler ; la membrane de l'intestin cœcum est employée à la préparation de la baudruche qui sert à battre l'or. Cette membrane sert encore à la guérison des coupures et à la construction des petits globes aérostatiques. Avec la rognure de la peau du bœuf, on fait de la colle forte ; la graisse du bœuf ou le suif sert à faire de la chandelle, du savon. Le cuir de ce quadrupède est d'un grand usage pour les ouvrages du sellier, et pour ceux du bottier et du cordonnier.

LE CHIEN DOGUE.

Le chien est le plus intelligent de tous les quadrupèdes, le plus fidèle et le plus attaché à l'homme; on en compte un grand nombre d'espèces : chacune a son instinct particulier. Les petits chiens ne servent qu'à notre amusement; ils sont généralement d'une gaieté, d'une légèreté admirables; ils jouent ensemble et même avec leurs maîtres; leurs petits tours, leurs sauts, leurs gambades, leurs caresses, sont capables de dérider l'homme le plus taciturne.

Nous nous servons des chiens suivant leur espèce, leur qualité et leur force; les uns en clapissant chassent dans les bois les petits quadrupèdes: ils ont l'instinct et l'adresse de les faire passer près de nous en les poursuivant; les autres indiquent par leur arrêt quel gibier est près d'eux: ils nous fournissent les moyens de tirer facilement et à portée les lièvres, les perdrix, etc.; d'autres sont excellens pour la chasse du gibier qui se cache dans les buissons et dans les endroits fourrés ; d'autres pour celle du lapin, du renard ; d'autres enfin pour chasser le gibier qui se trouve dans les marais, sur les étangs : tous, quand ils sont dressés, rapportent à leur maître le gibier tué ou blessé, soit sur terre, soit sur eau. Les chiens plus forts sont réservés pour la chasse des gros quadrupèdes, tels que le chevreuil, le cerf, le daim, le chamois, le sanglier, etc., même des animaux carnassiers les plus féroces. Les chiens de bergers gardent les troupeaux avec une vigilance, avec une activité, avec une intelligence extraordinaires ; ils obéissent et suivent exactement le commandement de leurs maîtres ; défendent le bétail contre les attaques des loups ; ils leur font déposer le mouton qu'ils emportent ; ils empêchent les animaux, qui sont sous leur garde, de ravager les champs ensemencés et les récoltes de toute espèce ; enfin un seul chien est plus utile que dix hommes à la garde d'un troupeau nombreux.

Le dogue est le plus fort de tous les chiens ; il sert à la garde des maisons et à la défense de son maître ; il terrasse et étrangle un loup avec facilité ; il peut mettre deux loups en fuite. On se sert à Paris et dans divers lieux des gros chiens, comme des dogues, pour tirer des petites voitures, qui ont quelquefois des charges considérables. Le chien mouton à plus de fidélité et d'intelligence qu'aucun autre ; non-seulement il amuse par sa gaieté, par son adresse, soit à jouer, soit à se tenir debout, soit à danser, mais encore il est d'une vigilance et d'un soin extraordinaires pour tout ce qui concerne son maître ; il lui rapporte tout ce qu'il perd, soit sur terre, soit sur eau; il va chercher, en plongeant dans une onde claire, la plus petite pièce de monnaie; il a tellement le sens de l'odorat excellent, qu'il trouve, distingue et rapporte d'entre mille pièces de monnaie celle qui appartient à son maître. Ce serait à l'infini si l'on voulait retracer toutes les qualités de cette espèce de chien : c'est un ami vigilant, spirituel qui cherche dans la physionomie de son maître ce qu'il faut qu'il fasse pour lui être agréable ; c'est un ami fidèle et courageux qui le défend contre tous ceux qui l'attaquent. Il a aussi une mémoire excellente.

Je vais raconter deux petites anecdotes qui donneront la plus haute idée de l'instinct du chien et de son attachement pour son maître.

Un jeune officier, très-considéré de ses supérieurs, avait nombre d'envieux, qui tous avoient conçu contre lui la plus grande jalousie, parce qu'ils se voyaient éclipser par son mérite ; un autre officier de son corps, fut tellement emporté par le démon de la jalousie, qu'il conçut l'odieux projet de l'assassiner : pour y réussir il attendit un moment favorable, qui se présenta bientôt. Le jeune officier fut chargé de porter quelques ordres pendant la nuit ; il fallait passer dans la forêt de Montargis. L'autre, instruit de son message, partit, accompagné de deux coquins, et se mit en embuscade : aussitôt qu'il le vit arriver près de lui il le tua d'un coup de pistolet. Le malheureux assassiné avait avec lui un chien mouton, qui, quoiqu'il connût le meurtrier, se jeta impétueusement sur lui, et l'aurait dévoré s'il n'eût été accompagné : ces trois brigands attachèrent le chien à un arbre, et enterrèrent son maître. Le chien poussait des hurlemens affreux, se débattait pour sauter sur les assassins, qui, croyant entendre quelqu'un s'approcher, prirent la fuite. Le pauvre chien demeura long-temps attaché ; cependant à force de se débattre il parvint à se rendre libre : il pleure, il hurle, il gratte sur le lieu où son maître est enseveli ; enfin, il se rend chez un ami de ce dernier, qui fut fort étonné de le voir arriver seul. Le chien le caresse, le tire par son habit, va et vient à la porte ; il fait si bien qu'il le conduisit à l'endroit où était enterré l'officier. L'ami résolut de venger sa mort : le chien fidèle se donna à l'ami de son maître, ne le quitta plus ; mais par-tout où il rencontrait l'assassin, il hurlait en le voyant, lui sautait dessus avec une fureur extraordinaire, si bien que l'on avait beaucoup de peine à empêcher ce chien de le dévorer. L'acharnement du chien éveilla les soupçons : on sut que celui que poursuivait le chien avec tant de colère, était très-jaloux de l'officier assassiné, qu'il avait cherché plusieurs fois à lui nuire ; on fut tellement persuadé qu'il avait commis le crime, qu'un combat singulier fut ordonné entre le chien et l'individu soupçonné. Le jour du combat arrivé, le prévenu, armé d'un bâton, fut conduit dans la lice ; on donna au chien un tonneau percé des deux bouts pour s'y réfugier. Le chien fit si bien, s'y prit avec tant d'adresse, qu'après avoir lassé son adversaire, il lui sauta à la gorge, le renversa et lui fit avouer son crime : ce chien porta depuis le nom de chien de Montargis.

J'avais un fort dogue, auquel j'avais donné le nom de Turc. Ce chien m'accompagnait dans tous mes voyages : par son courage et sa force il pouvait me défendre de huit hommes. J'étais sûr de son attachement, j'étais convaincu qu'il m'aurait défendu même contre toutes les personnes de ma maison, qui l'approchaient de plus près ; mais je ne lui connaissais pas l'instinct de connaître mes effets et de vouloir les conserver. J'étais la nuit dans un bois de trois lieues de traversée ; il était minuit : javais encore quatre lieues à faire ; je mis mon cheval au galop. Mon manteau et mon porte-manteau se détachèrent, sans que je m'en aperçusse : mon chien les voit tomber, s'arrête ; mais comme je m'éloignais toujours, il se mit à hurler. Je continuai quelques instans ma route ; mais ne l'apercevant point près de moi, je craignis qu'il fût aux prises avec des loups. Etant bien armé, je tournai bride pour voler à sa défense ; j'arrivai près de lui, je l'aperçus couché, je le crus blessé ou fatigué. Je descendis de cheval : quel fut mon étonnement, lorsque je trouvai sous lui mon manteau et mon porte-manteau dans lequel j'avais une somme de dix mille fr. en or et en argent, que j'avais reçue dans la journée : le chien se leva, me caressa, et sauta de joie en me voyant ramasser et rattacher les objets que j'avais perdus ; je lui rendis ses caresses; je pris mon ami fidèle dans mes bras, je le portai sur le col de mon cheval, et, après être monté, je le rapprochai de moi, et le gardai dans mes bras et sur moi jusqu'à mon arrivée. L'histoire de ce chien et l'amitié que je lui portais m'ont engagé à le faire graver pour ce petit ouvrage.

Les chiens ont tant de qualités, que je ne puis résister à en raconter encore une anecdote.

Un marchand ayant reçu une somme assez forte d'argent, après l'avoir attachée sur son cheval, cheminait tranquillement, accompagné de son chien, quand, passant près d'un buisson, sa valise se détache et tombe sans faire de bruit. Le chien s'en aperçoit, aboie, mord le cheval, cherche à l'arrêter, fait de son mieux pour avertir son maître de la perte qu'il venait de faire. Peines inutiles! celui-ci ne comprenait point ce que son chien voulait, il continuait son voyage; mais, voyant que tous ses efforts ne pouvaient empêcher cet animal d'aboyer et de mordre, trouvant la chose extraordinaire, il le soupçonne enragé, il lui lâche un coup de pistolet, et le blesse à mort; mais réfléchissant ensuite à ce qui venait de se passer, il cherche son sac: ne le trouvant plus, il voit, mais trop tard, ce que lui indiquait son malheureux chien. Il revient sur ses pas; le sang du pauvre animal le guide: il arrive vers le buisson, voit sa victime couchée auprès de son trésor; il descend: le chien pousse le dernier soupir, en caressant la main qui lui ôte la vie.

On a vu des chiens mourir de faim sur la tombe de leurs maîtres; on a vu des malheureux abandonnés de la nature entière, et leur chien seul suivre leur voiture funèbre, hurler et verser des larmes abondantes, etc. etc. On peut donc à juste titre considérer cet animal comme l'ami le plus sûr et le plus fidèle que l'homme ait su s'attacher.

LE JAGUAR.

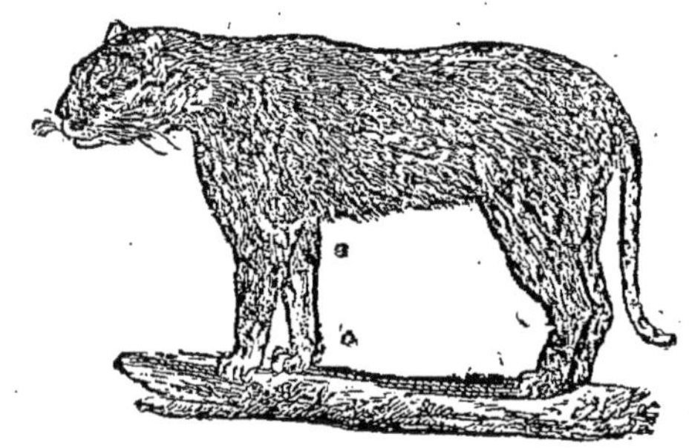

Le jaguar est un quadrupède carnivore de l'Amérique méridionale; il a presque la grosseur du tigre royal : on en voit un très-beau au Jardin des Plantes. Cet animal a le même naturel que le tigre; il met à mort tout ce qu'il rencontre, n'est jamais rassasié de carnage. Son regard est farouche, inquiet; il est l'ennemi de tout ce qui respire. Son rugissement est sourd et comme engouffré; il ressemble, quoiqu'en petit, au grondement du chat, qui, ayant saisi une souris, craint qu'on la lui enlève. Le jaguar n'a jamais pu être dompté; il est en quelque sorte plus féroce que le tigre. La femelle met bas quatre ou cinq petits tous les ans; malgré cela, l'espèce en est heureusement rare; les petits sont souvent dévorés par le mâle ou par les tigres. Sa peau est très-estimée ; les Américains en mangent la chair.

L'URSON.

L'urson a le même genre de vie que le porc-épic, les mêmes habitudes, et n'a point, comme l'histrix ou porc-épic, des piquans sur toutes les parties du corps; il est, au contraire, couvert de poil, à l'exception du dos, sur lequel il a quantité d'épines ou piquans; c'est sa seule défense contre les animaux plus gros et plus forts que lui : du reste il a les dents très-fortes, et fait de larges blessures à ses ennemis. Il cherche sa nourriture la nuit; il vit de souris, de rats, de serpens, de racines et de fruits; il aime beaucoup le buis. Il se creuse un terrier comme le porc-épic, avec le même instinct; ce terrier est partagé en plusieurs chambres, dans lesquelles il ne communique que par une seule ouverture. Sa chair est très-bonne à manger. Il a la queue courte et grosse.

LE CASTOR.

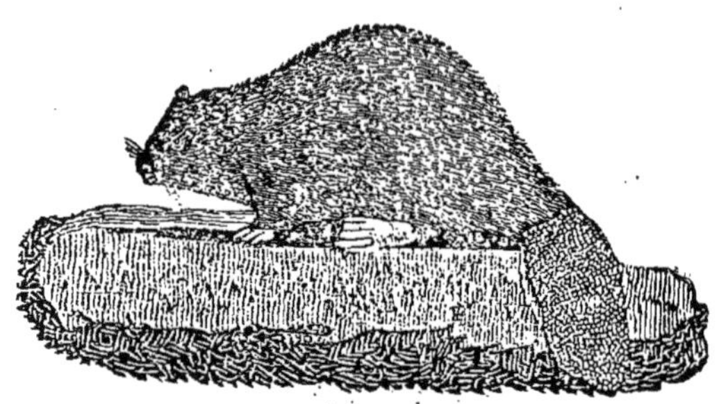

Le castor est un quadrupède rongeur et amphibie; il est de la grosseur d'un sanglier de six mois. Un gros castor pèse cinquante à soixante livres : il a les jambes de derrière plus longues que celles de devant, et les pieds palmés. Les pieds sont garnis de cinq doigts bien dégagés; la tête ressemble à celle du rat. On en trouve de tout blancs, d'autres bigarrés de brun et de blanc; mais la plupart sont noirs. Leur poil, doux et moelleux, est très-estimé. On en fait des bas, des gants, du drap, enfin, des chapeaux de la plus grande beauté. La peau de ceux d'Europe n'est point aussi belle. On appelle ces derniers *bièvre* (1). L'Europe étant trop peuplée, ils ne peuvent vivre en société entre eux; c'est pour-

(1) Le nom français du *bièvre* ou *castor* vient immédiatement du latin *fiber*, qu'on trouve dans Pline, pour désigner cet amphibie. Quant à son nom latin *fiber*, je le crois composé de *vis*, force, ou plutôt de *viscum* ou *viscus*, humeur gluante, et de la finale *ber* qui vient de *fero* (comme *bièvre* vient de *fiber*), et signifie *qui porte de la force* ou *une liqueur visqueuse :* allusion sans doute à l'espèce d'huile ou de graisse d'odeur forte, que le castor porte en deux poches sous sa queue, dans laquelle est aussi

quoi ils ne cabanent point, ils se creusent seulement des terriers. Le nord de l'Amérique est la vraie patrie du castor ; c'est là où il déploie ses talens extraordinaires pour l'architecture. Cet animal est stupide, triste, abruti, etc. dans la servitude; dans l'indépendance, au contraire, on découvre en lui les grands talens que la nature lui a prodigués. Ces petits quadrupèdes fuient les lieux habités, vivent en société de trois ou quatre cents ; ils passent le printemps, l'été et une partie de l'automne dans les bois pour s'y nourrir de jeunes pousses d'arbres, d'écorces nouvelles et de feuilles tendres ; ils se bâtissent pour l'hiver des petites cabanes qui, réunies, forment un petit village ; elles sont toutes construites sur une digue ; ils choisissent pour cet effet l'endroit le moins profond d'une rivière. Leurs dents, qui sont très-tranchantes, leur servent de scie et de hache ; leurs pattes de devant leur tiennent lieu de mains, celles de derrière leur servent d'instrument pour gâcher le ciment et la terre glaise ; leur queue leur sert enfin de pêle et de truelle.

Ces quadrupèdes nagent et plongent très-bien ; ils sont réellement amphibies, car ils demeurent très-long-temps sous l'eau ; mais c'est le seul amphibie qui ne se nourrit pas de poissons. Quand il s'agit de bâtir

sa force, et dont il oint son poil, comme un athlète, pour le rendre glissant et imperméable. Ce qui confirme cette belle origine étymologique et mythologique, qui n'a jamais été donnée, c'est que le dieu *Castor* était le protecteur des athlètes ; qu'il était, ainsi que son frère *Pollux*, lutteur lui-même, et par conséquent oint d'huile comme l'animal symbolique dont il portait le nom. C'est de *fiber* que vient le mot latin *fibra*, par contraction et dérivation.

ELOI JOHANNEAU.

leur demeure, ils forment d'abord une digue; pour cela, ils abattent une branche dont ils coupent les rameaux pour faire des pieux, qu'ils rendent très-pointus. Un castor plonge, va creuser au fond des eaux, avec ses pattes de devant, un trou assez profond pour introduire le pieu, et pour qu'il soit solide à sa base; le trou fait, le castor qui l'a creusé revient sur la surface de l'eau, replonge, et y loge le pieu, tâche de le bien assujétir pour qu'il ne soit point vacillant, tandis que d'autres castors tiennent par l'autre extrémité le pieu incliné ou perpendiculaire, suivant la place qu'il doit occuper. Il en est ainsi de tous les pieux dont ils ont besoin pour former leur digue : ils coupent un arbre, le font tomber dans la rivière et en travers, l'arrêtent avec des branchages, et entrelacent l'arbre et les deux pieux placés aux deux extrémités; ils plantent ensuite des pieux à peu de distance les uns des autres, inclinés en sens contraire du cours de l'eau; ils les entrelacent et les lient les uns aux autres et à l'arbre de traverse avec les branchages à la surface des eaux; ils clayonnent de la même manière les pieux dans l'eau depuis la traverse jusqu'à la base, de manière à former un clayonnage solide dans toute la longueur et la profondeur de leur digue : à douze pieds en dessus de ce premier clayonnage, en remontant le cours de l'eau, ils placent d'autres pieux, mais perpendiculairement; ils les entrelacent entre eux, soit à la surface des eaux, soit dans toute la profondeur, comme il a été dit en parlant du premier clayonnage; quelques castors s'occupent de garnir de mousse, de terre grasse et de ciment les deux clayonnages du bas en haut, sans laisser aucun vide, tandis que d'autres apportent les pierres nécessaires pour remplir et combler la totalité de l'espace qui existe d'un clayonnage à l'autre, ayant soin encore de mettre un lit de pierre, un lit de ciment, ainsi de suite jusqu'à la surface de l'eau. Leur digue ou chaussée a quelquefois cent pieds de long sur douze de large.

Cet ouvrage fait en commun, les castors se divisent en petites troupes de vingt, de trente pour construire leur habitation particulière; elles ont toutes une forme ovale ou ronde, quelquefois à deux étages, le tout construit sur la digue même. Deux ouvertures sont pratiquées à ces sortes d'habitations; l'une sert de fenêtre et donne sur l'eau, c'est par-là qu'ils prennent des bains jusqu'à moitié corps; l'autre conduit à terre pour chercher et ramasser la provision de l'hiver. Chacune des habitations bâtie, un couple de castors, mâle et femelle, s'y prépare une loge à part, dans laquelle la femelle dépose ses petits sur un bon lit de mousse. Quand les castors sont attaqués, l'un d'eux frappe la surface des eaux avec sa queue, ce qui produit un bruit considérable qui retentit au loin; tous se jettent à l'eau, et plongent sous la glace: il est très-difficile alors de les avoir. Le castor ne fuit point à terre, il ne pourrait se sauver, étant peu leste à la course. Quand il est pris, il se défend courageusement, mord, égratigne profondément; on doit juger combien sa dent est dangereuse et meurtrière, en se rappelant qu'il coupe les arbres, etc. Le castor a deux poches sous la queue qui renferment une espèce d'huile ou graisse d'une odeur forte, à laquelle les apothicaires ont donné le nom de *castoréum* : on dit cette sécrétion très-utile en médecine. On prétend que le castor oint son poil de cette huile, ce qui rend sa fourrure imperméable.

LE QUINQUAJOU.

Le quinquajou est un quadrupède carnivore qui se trouve dans l'Asie et dans l'Afrique : il fait sa bauge sur les arbres ; il se nourrit d'oiseaux, de gibier de toute espèce. Cet animal est très-hardi ; il se défend des animaux beaucoup plus gros que lui. Il a le poil d'un jaune tirant sur le marron clair, la tête grosse, les jambes courtes et très-fortes, la taille effilée, mais robuste, la queue aussi longue que son corps, garnie de poil ; sa fourrure est très-estimée. Les Africains mangent sa chair. Cet animal ne peut se faire à l'esclavage ; rien ne peut l'adoucir ; il ne s'apprivoise jamais.

LE NILGAU.

Le nilgau, espèce d'antilope ruminant, est aussi nommé bœuf gris du Mogol; il est à-peu-près de la même grosseur que le buffle; ses cornes, recourbées en avant, n'ont que six pouces de longueur, ses oreilles sont grandes et larges, ses jambes sont bien faites; il a les pieds bisulques; le sommet de sa tête est garni de poils noirs, son naseau est noir, bordé de blanc, sa tête est couleur fauve, et son corps d'un joli gris d'ardoise; sa queue est blanche sur les côtés, elle descend jusqu'aux jarrets, et se termine par une houppe noire; son train de devant est plus haut que celui de derrière; sa figure est lourde et sans expression : aussi a-t-il fort peu d'intelligence. On le trouve aux Indes-Orientales, mais il y est rare; ce qui fait qu'on le donne aux grands comme un objet de curiosité. La femelle est plus effilée que le mâle, plus légère et plus haute sur ses jambes. La chair de ces animaux est regardée comme un excellent mets. Le nylgau est très-doux et très-facile à apprivoiser. Le mâle pourrait être employé dans les travaux d'agriculture comme le bœuf, et la femelle fournirait les mêmes produits que la vache.

LE CHAT D'ESPAGNE.

Il existe plusieurs espèces de chats : les chats sauvages et les chats domestiques. On trouve partout de ces animaux ; ils sont adroits, souples, méfians, indociles, volontaires, ingrats, hypocrites ; leurs griffes sont très-bien articulées : ils ont beaucoup de ressemblance avec le tigre ; ils ont les mêmes inclinations, la même méchanceté.

Les chats domestiques ne nous servent qu'à prendre les souris et les rats. Dans leur jeunesse ils nous distraient par leurs sauts, leur adresse et leurs jeux ; leurs yeux ne peuvent supporter la lumière ; ils y voient mieux la nuit que le jour. Leur poil est électrique ; dans les ténèbres l'on voit luire leur dos lorsqu'on le frotte à contre-poil, surtout dans le temps de gelée. On dit leur haleine extrêmement malsaine. S'ils vous mordent jusqu'au sang, on est très-long-temps à guérir, à cause de leur salive qui, s'introduisant sous la peau, peut produire des effets très-funestes. Le chat ne s'attache à personne; il est naturellement malfaisant et cruel : on a vu des chats étrangler leurs maîtres endormis. On raconte qu'une malheureuse femme qui habitait seule une chambre avec son chat, étant morte subitement, son chat chéri fut trouvé sur elle la dévorant. Le menu peuple mange le chat domestique. Le chat sauvage est un très-bon manger. Ce dernier vit de mulots, de lapins, de lièvres, même de jeunes faons : il monte sur les arbres, attend patiemment sa proie, il s'élance dessus au passage avec impétuosité; il ne quitte prise que quand il a abattu l'animal sur lequel il s'est précipité; il le dévore ensuite. Le chat a la langue hérissée de papilles, comme une râpe; il peut, en lèchant, enlever facilement l'épiderme de la peau. Le chat d'Espagne est une espèce de loup-cervier : il est beaucoup plus gros que le chat ordinaire; il attaque et tue le chat sauvage; il se jette sur le cerf et sur le sanglier même. Il se tient dans le fond des plus impénétrables forêts, soit en Espagne, soit en Asie, soit en Amérique; il dévore les belettes, les écureuils, les oiseaux; il s'élance sur le sanglier et sur le cerf de dessus les arbres, s'attache à leur gosier, leur suce le sang jusqu'à ce qu'ils tombent mort; il leur ouvre ensuite le crâne, en mange la cervelle seulement, abandonne le reste du corps aux autres animaux carnassiers. Le sanglier parvient cependant quelquefois à s'en débarrasser en se fourrant dans les buissons; mais le malheureux cerf ne lui échappe jamais.

L'IBET.

L'ibet est un joli quadrupède; sa tête et ses oreilles lui donnent de la ressemblance avec le renard; il a le col très-alongé et bien moulé; son corps est aussi fort long, mais sa structure annonce la force et l'agilité, sa queue est grosse et annelée de blanc, ses pattes sont très-courtes; malgré cela il est très-leste, il monte avec facilité sur les arbres pour y chasser les écureuils et les oiseaux, pour dévorer les petits ou sucer les œufs. Cet animal se trouve dans l'Amérique septentrionale; il vit huit à dix ans. La femelle fait trois à cinq petits tous les ans, qu'elle élève avec un soin particulier. L'ibet habite les lieux sombres et retirés dans les épaisses forêts.

L'YARQUE.

L'yarque se distingue par sa grosse queue, au moyen de laquelle il s'accroche aux arbres. Elle le rend très-adroit, il s'en sert comme d'une main, pour saisir, serrer et porter. Ce singe a le museau aplati et dépourvu de poil; il ressemble beaucoup à l'orang-outang, mais il n'a point sa force, quoiqu'il soit aussi grand; il est très-dangereux, il est farouche, on ne peut l'apprivoiser.

Les singes, en général, sont des animaux frugivores; ils vivent d'oranges, de noix, de toutes sortes de fruits et de légumes; ils boivent de l'eau, de la bière, du vin et de l'eau-de-vie au point de s'enivrer. Les femelles mettent bas un petit tous les ans; ils vivent trente à quarante ans. Ils sont très-adroits; ils dévastent dans un clin d'œil un jardin, une melonnière; pour cela ils se mettent en file, étant d'accord sur le choix de la caverne ou du magasin qui doit recevoir le produit de leurs rapines; ils se placent assez en nombre et à distance nécessaire pour occuper l'espace qui existe entre leur caverne et l'endroit qu'ils veulent dévaster; ils se font passer ou se jettent les objets volés, ce qui se fait avec une adresse et une légèreté singulière: en un clin d'œil tout est dévasté. Ces animaux vivent en troupe au nombre de plusieurs milles; ils placent des sentinelles qui sont chargées d'avertir de l'approche de l'ennemi; ils divisent leur troupe en plusieurs bandes, commandées chacune par un chef à qui ils obéissent; ils semblent délibérer entre eux; ils se prêtent une mutuelle assistance dans le danger; ils se défendent vigoureusement et avec courage; ils punissent sévèrement et tuent même la sentinelle qui n'a pas su avertir à temps; ils se querellent entre eux de manière qu'à les entendre, on dirait que c'est une assemblée d'hommes raisonnables. Les femelles portent leurs petits sur leur dos; elles leur donnent à teter en les prenant dans leurs bras; elles leur présentent la mamelle comme une femme.

On les dresse à tourner la broche, à servir à table, à mener la brouette, à porter du bois, à danser, à aller à cheval. Les nègres se servent des singes pour dépouiller les arbres d'un difficile accès; pour cela, ils cueillent plusieurs fruits, les posent à terre, et se retirent. Les singes, qui les ont vu faire, dépouillent l'arbre de ses fruits, et en font un monceau; à l'approche des nègres, ils s'en vont: on profite ainsi de leurs peines. Il est difficile de prendre les singes vivans, autrement que dans des piéges. Quand ils sont attaqués, ils se défendent avec des pierres, avec des bâtons, et ils jettent même à la tête de leurs ennemis leurs ordures. Pour manger l'huître, ils l'écrasent avec une pierre, ou, quand l'huître s'ouvre, ils jettent dedans et incontinent une petite pierre; l'huître ne pouvant plus se renfermer, ils la dévorent. Les orangs-outangs sont très-forts; ils marchent debout comme les hommes, un bâton à la main; ils attaquent et chassent les animaux féroces, même les tigres et les lions, des bois ou forêts qu'ils habitent, en se réunissant plusieurs pour aller à cette chasse.

Les singes imitent tout ce qu'ils voient faire : un chapelier passait avec une balle de chapeaux dans un bois où il y avait beaucoup de singes; il ne s'aperçoit pas de ce voisinage. Il avait son chapeau sur la tête; il s'asseoit à l'ombre d'un arbre touffu et s'endort. Les singes s'approchent de sa balle, la dévalisent en entier, et montent sur les arbres avec chacun un chapeau sur la tête. Le chapelier réveillé, voit sa balle vide, et s'aperçoit que les singes sont propriétaires de ses chapeaux; il se croit ruiné; dans son désespoir, de colère il jette son chapeau par terre, les singes jettent les leurs; le marchand ramasse son chapeau, les singes en font autant. Il se trouve toujours dépouillé de ses chapeaux. Il imagina alors de mettre son chapeau dans sa balle, et se retira à l'écart : chaque singe, par imitation, vint y porter son chapeau. Le marchand, voyant tous ses chapeaux rentrés, court avec précipitation à sa balle : à son approche les singes se sauvent; il la ferme incontinent, recouvre tous ses chapeaux, et en est quitte pour la peur.

Le caractère imitatif des singes cause leur perte; on se sert du plaisir qu'ils ont d'imiter pour les prendre dans des piéges qu'on leur dresse de plusieurs manières. On porte avec soi deux vases; dans l'un il y a de l'eau, dans l'autre de la glu; on se lave la figure avec l'eau; on se retire en emportant le vase qui contenait l'eau, on laisse celui qui contient la glu : les singes viennent pour imiter ce qu'ils ont vu faire; ils se barbouillent la figure avec la glu, ils s'aveuglent; on les prend alors aisément. On les prend encore avec un miroir mécanique dans lequel on semble se mirer; on laisse le piége, on se retire. Le singe vient pour imiter; aussitôt qu'il prend la machine, les ressorts se détendent, il se trouve pris par les pattes. Enfin on paraît mettre et ôter plusieurs fois des bottes; on substitue à la place des petites bottes enduites de glu en dedans : le singe essaie de mettre ses pattes dans les bottes, il s'englue encore et se trouve pris.

Deux singes assez gros appartenaient à un homme de qualité; il les faisait habiller proprement, et leur mettait l'épée au côté. Le domestique du fermier de ce gentilhomme vint lui apporter un panier de très-beaux fruits; notre rustre n'ayant vu de sa vie des singes, les prit pour les enfans de la maison, et leur laissa dévaliser la presque totalité du panier. Il entra, et présenta au maître le surplus des fruits : celui-ci lui demanda pourquoi le panier était presque vide. Le paysan répondit incontinent : le panier était plein, mais messieurs vos fils que j'ai rencontrés ont pris ce qu'il y manque; je n'ai point eu l'impolitesse de leur refuser; ils sont si gentils, si lestes, si honnêtes, que ce serait dommage de ne pas leur laisser faire leurs volontés.

LE RENARD.

Le renard est un quadrupède de la grosseur d'un chien ordinaire; mais il a le corps plus alongé. Sa couleur est roussâtre, ses oreilles sont droites, son museau est alongé, sa queue longue et touffue est garnie de poils très-longs. Cet animal répand une odeur très-désagréable; il passe pour le plus rusé des quadrupèdes sauvages : aussi, dit-on, fin comme un renard. Il se nourrit de gibier, de volaille, de beurre, d'œufs, de fromage, quand il peut en dérober : lorsqu'il ne trouve pas mieux, il se repaît de rats, de souris, de serpens, de lézards, de crapeaux. Quand les renards chassent de société, plusieurs d'entre eux font l'office de chiens courans; quand ils rencontrent ou sentent de près le gibier, ils glapissent pour avertir les autres renards qui sont en embuscade. Le gibier pris ou tué, ils se le partagent et se retirent. Quand le renard entre dans un poulailler ou pigeonnier, il met tout à mort; il emporte ensuite une pièce ou deux qu'il va déposer dans un lieu caché : il va et revient jusqu'à ce qu'il ait en son pouvoir la totalité de ce qu'il a tué. Malgré qu'il ait des provisions pour plusieurs jours, il ne reste pas dans l'oisiveté; il sort la nuit pour examiner où il trouvera d'autres expéditions à faire. Le renard est très-friand de raisins et de miel; il dévaste et détruit toutes les ruches qu'il rencontre; et voilà comme il s'y prend : il s'approche d'une ruche, il excite les abeilles à le piquer, en les dérangeant et les battant de sa queue; il est couvert à l'instant d'abeilles, qui le piquent, sans pour cela qu'il s'éloigne : la gourmandise l'emporte sur les souffrances. Quand il est bien chargé d'abeilles, il vient se frotter à terre ou contre un arbre; il les écrase ou les blesse; elles tombent, il les mange; il va et revient à la ruche jusqu'à ce qu'il les ait toutes écrasées et mangées; il se régale ensuite à son aise et sans trouble du miel, et même de la cire.

Le renard se creuse rarement un terrier; il déloge le blaireau ou le lapin; il arrange ensuite à sa guise le terrier abandonné. Le renard resterait plutôt quinze jours dans son terrier sans manger, que d'en sortir quand il est poursuivi; souvent encore, quand on l'attend, il s'est fait une ouverture d'un autre côté par où il a délogé avec sa femelle et ses petits. On ne peut parvenir à le faire sortir qu'en introduisant de la fumée dans sa demeure. Forcé alors de l'abandonner, il se défend avec courage jusqu'au dernier soupir. On prétend que le renard poursuivi par les chiens, et près d'être atteint, pisse sur sa queue, leur asperge les yeux, et que, pendant que le chien s'arrête, souffrant beaucoup des yeux par la cuisson qu'y produit l'urine, il se sauve à toutes jambes, et gagne du terrain. Le renard vit vingt à vingt-cinq ans; la femelle met bas cinq à six petits qu'elle allaite quinze jours; le mâle les nourrit ensuite de gibier tendre. Le renard met aussi à profit l'industrie de l'homme; il dévalise les piéges, s'empare du gibier pris, et ne laisse que le poil ou la plume. La peau du renard est assez estimée; celle des renards du Nord, et sur-tout de la Laponie, qui est de toutes sortes de couleurs, est la plus belle et la plus chère; la noire est la plus recherchée. Le renard s'y prend singulièrement pour se débarrasser des puces : il porte une poignée de foin ou d'herbe à la bouche; il se met dans l'eau; peu à peu les puces montent dans les parties non mouillées, et arrivent toutes graduellement à la tête, et enfin sur le morceau d'herbe ou de foin : le renard se débarrasse alors de toutes ses puces en abandonnant ce qu'il tient à la bouche.

LE TAPIR.

Le tapir est un quadrupède pachyderme d'Amérique ; il ressemble beaucoup au cochon dont il a le grognement ; il tient aussi quelque chose de l'éléphant, car son museau est alongé en forme de trompe : il s'en sert très-adroitement. On le trouve en troupe dans les forêts qu'avoisinent les rivières, les lacs, les marais, sur-tout près du fleuve des Amazones. Cet animal dort le jour, et va la nuit chercher sa nourriture ; il est frugivore ; il nage et plonge très-bien ; il ne paraît pas qu'il se nourrît de poissons. On l'apprivoise aisément ; beaucoup de personnes l'élèvent : les sauvages le nourrissent et l'utilisent comme le cochon ; la chair en est très-bonne. Ses pâturons sont divisés en quatre par-devant, et en trois par-derrière. Le poil du tapir est doux, sa queue est très-courte ; la femelle ne met bas qu'un seul petit par an. On prétend que cet animal vit quarante ans. Sa peau sert aux vêtemens des nègres ; elle sert à couvrir leurs cahutes et à garnir leurs boucliers.

LE FOURMILIER.

Le fourmilier, le tamandoua et le tamanoir sont des quadrupèdes de même espèce ; les plus gros sont de la grosseur du chien de berger ; les plus petits ont la taille de la fouine : on leur donne le nom de myrmophages, parce qu'ils vivent de fourmis ; les plus petits sont à longs poils ; ils ont tous le museau alongé, la tête petite à proportion de leurs corps. On les distingue par le nombre de leurs doigts : les uns en ont quatre, les autres trois, et les autres deux ; ils sont mis dans la classe des animaux paresseux. Ils montent facilement sur les arbres, leurs ongles étant très-longs. Pour prendre les fourmis, ils introduisent leurs museaux dans une fourmilière ; ils tirent alors leur langue ronde, qui est d'une longueur extraordinaire ; les fourmis s'y attachent, s'y trouvent retenues par une espèce de glu, dont elle est naturellement recouverte. Cet animal sort sa tête de la fourmilière ; il secoue sa langue pour faire tomber le sable ou la terre qui auraient pu s'y attacher ; il la retire, et se nourrit des fourmis prises. Ce quadrupède n'a point de dents.

LE BLAIREAU.

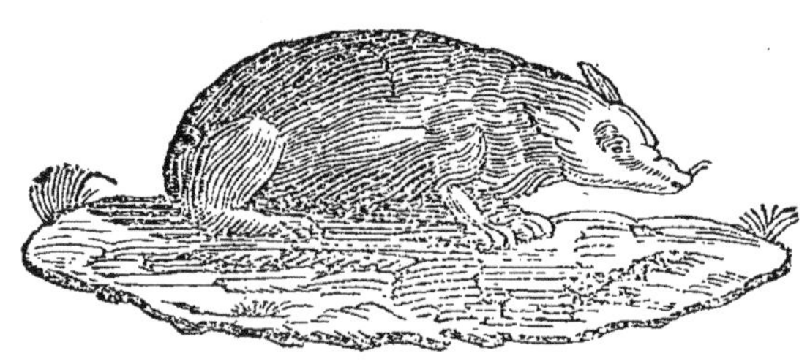

Le blaireau est d'un naturel farouche ; mais il n'est ni vorace ni féroce ; on l'apprivoise aisément : il peut tenir lieu de chat pour prendre les rats, les souris, mais il est dangereux pour la volaille ; il est à craindre qu'il ne tue poulets, dindes, oies, etc., etc. Cet animal est le plus grand dormeur de tous les quadrupèdes, sans en excepter la marmotte, le loir et l'ours blanc. Il passe tout le jour et une grande partie de la nuit à dormir, et encore tout l'hiver. Pendant cette saison, il fourre son museau dans la poche ou ouverture qu'il a sous la queue comme le castor, et qui suinte une huile ou graisse puante, onctueuse et très-abondante : on croit généralement que cette huile ou graisse l'alimente pendant les quatre ou cinq mois que dure son sommeil d'hiver. Cet animal vit huit à neuf ans ; la femelle met bas trois ou quatre petits chaque année. Le blaireau est gros comme un petit renard, il en a le museau; son poil long est bien garni, sa queue est très-courte, il a la dentition de l'ours. Le renard sait que la tanière du blaireau est très-propre, et qu'il ne peut souffrir aucune ordure; aussi, le fin compère, pour s'en emparer, vient la salir : le blaireau la quitte à l'instant pour s'en recreuser une autre.

Sa chair est assez bonne; sa peau, étant imperméable, sans doute parce qu'il l'humecte de l'huile qu'il porte dans la poche qu'il a sous la queue, sert à la couverture des malles; on en fait aussi des havre-sacs. Ses poils sont très-recherchés pour faire les pinceaux des peintres, les brosses et vergettes.

Quand le blaireau est poursuivi par plusieurs chiens en plein champ, et qu'il se voit pris, il se couche sur le dos, les attend dans cette posture, et leur fait de profondes blessures, soit avec ses dents, soit avec ses griffes. Ce quadrupède vit d'oiseaux, d'œufs, de lapereaux, de racines, de graines, de fruits, etc. La femelle nourrit ses petits de miel, de gibier tendre, de sauterelles, de bourdons et d'œufs d'oiseaux. Le blaireau montre beaucoup d'instinct dans la construction de son terrier; il pratique plusieurs galeries tortueuses, à quatre à cinq pieds sous terre; cette tanière n'a qu'une seule ouverture. Les chiens bassets sont seuls bons pour la chasse de cet animal; ils entrent dans son terrier, l'en chassent, et le chasseur le tue au passage.

LA LOUTRE.

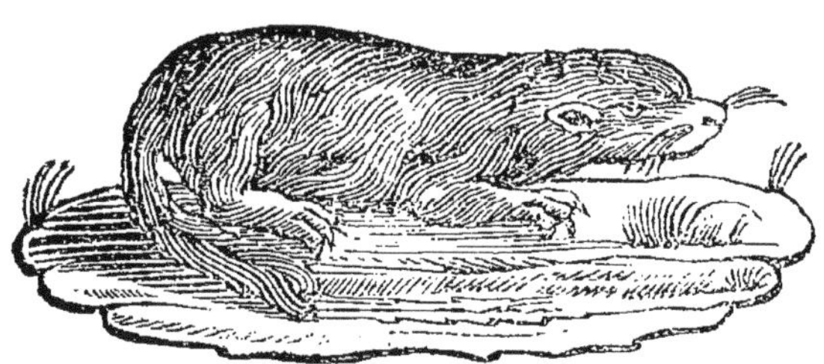

La loutre est un petit quadrupède carnivore; cet animal vit douze à quinze ans : il a les mêmes habitudes que le castor; cependant il ne cabane pas; il mange, comme lui, quand il ne trouve pas de poisson, des feuilles, des écorces d'arbre et des herbes.

Il fait son terrier de manière à ce que la principale ouverture donne dans la rivière, ou étang, ou lac, ou vivier qu'il veut ravager. Il pratique une autre ouverture du côté de la terre; mais elle est très-peu apparente : elle ne sert qu'à introduire l'air. La queue de la loutre est longue et touffue, elle ne ressemble en aucune manière à celle du castor : ses jambes sont courtes, ses pieds sont palmés, tout son corps est couvert d'un beau poil. La loutre de rivière a les oreilles petites, les moustaches du chat et les yeux grands; sa fourrure est presqu'aussi estimée que celle des castors qui habitent les mêmes contrées qu'elle. La loutre se nourrit ordinairement de grenouilles, d'écrevisses, de poissons : c'est le fléau des étangs, des lacs, des rivières. Elle se sert de sa queue pour battre l'eau et rassembler le poisson; elle plonge, en prend deux ou trois, les emporte dans son terrier, et revient à la charge : elle mange à terre. Les chiens prennent facilement la loutre quand elle est à terre, car elle n'est pas leste à la course ; elle se défend courageusement ; elle a les dents si fortes, qu'elle casse les os des jambes des chiens : elle ne lâche prise qu'à la mort.

La loutre marine est beaucoup plus grosse que celle d'eau douce ; elle ne se trouve que dans le nord de l'Afrique et de l'Amérique; sa peau est beaucoup plus estimée que celle de la loutre d'étangs, etc. La femelle ne met bas qu'un seul petit tous les ans. Elle se met sur le dos pour apprendre à nager à son petit qu'elle tient entre ses pattes.

L'AGNEAU.

L'agneau vient du bélier et de la brebis. Ce petit animal est toujours bondissant; on prétend que ce mouvement provient du poil qu'il a dans la fourchette des pieds. La chair de l'agneau rôtie est très-saine et très-délicate; celle de la brebis est assez bonne, mais elle est mollasse; celle du mouton, c'est-à-dire celle du bélier hongré, est excellente; celle du bélier entier a un mauvais goût. Le bélier d'Europe est le seul qui ait des cornes; on connaît son âge par le nombre de leurs anneaux. Un berger et un bon chien peuvent garder facilement cent moutons (nom que l'on donne aux troupeaux composés de béliers, de moutons, de brebis et d'agneaux). De tous les quadrupèdes, ce sont les animaux les plus stupides; ils sont sans défense: s'ils n'étaient pas sous la sauvegarde de l'homme, ils seraient la proie de tous les animaux carnassiers. Ces quadrupèdes sont d'un grand produit; leur laine sert à nous vêtir et à nous couvrir. En France on ne tond les moutons qu'une fois l'année; mais les habitans des pays chauds les tondent deux fois: le lait de la brebis est le plus délicat et le meilleur de tous; de sa peau on en fait du maroquin pour le dessus des souliers; on donne à ce maroquin diverses couleurs très-agréables et très-vives. La peau du mouton est beaucoup plus épaisse; elle est très-souple. On en fait aussi des dessus de souliers, des culottes, des guêtres. Le mouton craint le froid, la pluie, la neige et l'ardeur du soleil; il est sujet à de grandes maladies, telle qu'à l'épilepsie, etc. etc. Si le mouton malade n'est mis à l'écart, tout le troupeau est en danger de périr. On prétend qu'avec l'huile de bipède on les guérit de diverses maladies très-dangereuses; ils aiment beaucoup le sel; ils mangent aussi le crépi en chaux qui enduit les murs, quand ce crépi s'écaille. Leur étable doit être saine et bien aérée.

Ces quadrupèdes restent presque tout l'hiver renfermés. On ne les sort que quelques heures, lorsque le temps est très-beau ; il faut établir un courant d'air dans leur étable, changer l'air le plus souvent possible. Je conseille à ceux qui ont des moutons ou autres animaux dans des étables où on ne peut renouveler l'air à tout instant, d'y introduire un baquet d'eau de chaux : cette eau absorbe tout le gaz acide carbonique, qui est un air mortel pour tous les êtres vivans. Cette eau raréfie l'air, et les animaux se conservent en bonne santé. La castration de l'agneau se fait à l'âge de six mois, pendant la saison du printemps ou pendant celle de l'automne, et par un temps doux. La laine la plus estimée est celle des moutons mérinos ; ces moutons nous viennent d'Epagne : nous avons su les acclimater en France. Les moutons de Barbarie ont des queues énormes, chargées de graisse ; elles pèsent jusqu'à vingt livres, ce qui les empêche de marcher. On est obligé d'attacher leur queue sur une petite voiture qu'ils traînent avec eux en paissant. On parque en automne, dans beaucoup de pays, les moutons ; les terrains dans lesquels ils stationnent deviennent très-bons, car leur fiente et leur urine sont un excellent engrais. La durée de la vie de ces quadrupèdes est de douze à quinze ans. La brebis met bas tous les ans un agneau, quelquefois deux ; elle ne fait deux portées par an que dans les pays chauds. Les bêtes à laines ont deux, trois, quatre cornes, ou un plus grand nombre, suivant les températures des contrées qu'elles habitent. La graisse du suif de ces animaux est excellente pour la chandelle; leur fiente, la liqueur de leurs intestins et leur sang sont d'un grand usage pour aider à fixer et à introduire la couleur rouge dans le coton (rouge d'Andrinople); avec leurs boyaux on fait des cordes de violon; avec leurs os on prépare le noir d'os.

LE CHAMOIS.

Le chamois est un joli animal, bien fait, vif, léger, gai; il est tellement leste et adroit, qu'il franchit facilement d'un abîme à l'autre à une distance extraordinaire; on dirait qu'il a des ailes, en le voyant ainsi sauter d'abîme en abîme. Cet animal est timide; il vit en troupe; il se plaît dans les lieux escarpés et d'un difficile accès: aussi la chasse en est-elle très-dangereuse; on est à tout instant exposé; on a en outre à craindre de l'animal lui-même, car, s'il est serré, et qu'il n'ait plus qu'un seul passage, il s'élance sur le chasseur, le renverse au milieu des rochers. Le plus sûr, en ce cas, c'est de se coucher le ventre à terre. Il prend la même nourriture que le cerf; il broute l'herbe, mange des feuilles d'arbre, de l'écorce, etc. Quand ces animaux sont à manger, un d'entre eux est en sentinelle sur une pointe de rocher : s'il aperçoit les chasseurs, les chiens, les gloutons, les aigles, les vautours etc., il siffle, tous prennent la fuite; on les voit alors sauter de précipice en précipice avec une hardiesse et une imprudence extraordinaires, car de temps à autre quelques-uns d'entre eux se tuent, ou se blessent, et deviennent alors une proie facile pour leurs ennemis. La femelle porte neuf mois; son lait est excellent. Le chamois peut être apprivoisé et vivre en domesticité. Le poil de son corps est roux, divisé sur le dos par une raie noire; ses cornes, recourbées aux extrémités, sont noires, lisses, droites et rondes. Sa chair est excellente; on en retire une grande quantité de suif. Sa peau est la plus belle et la plus souple de toutes; on en fait des bas, des culottes, des gants; quoique sa peau soit épaisse, elle se lave comme un bas de soie, sans perdre de sa souplesse. Ces animaux habitent les Alpes et les Pyrénées.

LA GERBOISE.

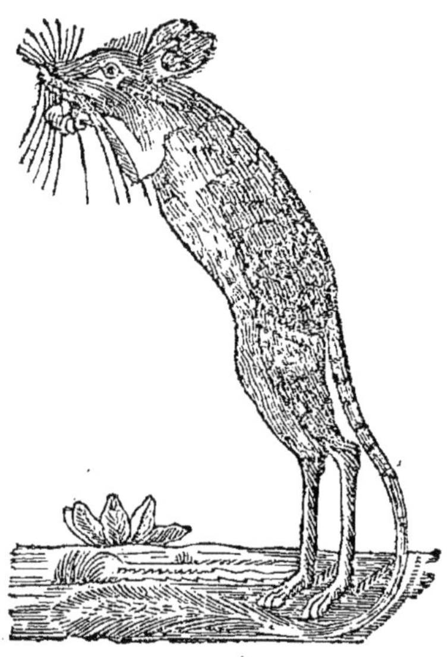

La gerboise (1) est un animal assez joli, mais curieux par sa structure; elle a les jambes de derrière quatre ou cinq fois plus longues que celles de devant; pour cet effet les anciens lui avaient donné le nom de rat à deux pieds. On le trouve sur-tout dans les pays montagneux qui séparent l'Egypte de l'Arabie. Ce joli quadrupède habite les lieux chauds et secs; il se creuse un terrier dans lequel il dort tout l'hiver, comme le loir et la marmotte; son terrier a deux ouvertures. La queue de cet animal est longue et touffue; il a l'oreille droite, la tête et la mâchoire du rat. La gerboise vit

(1) Ce nom doit être dérivé de *garbe*, belle forme, belle tournure La *gerboise* est en effet d'une jolie forme.

de graines, de racines, de noix, de glands, etc. Elle porte sa nourriture à la bouche avec autant de légèreté que l'écureuil; elle marche sur les pattes de derrière en sautant comme font les corbeaux, quand il veulent marcher plus vite. Cet animal dort le jour, et va chercher la nuit sa nourriture.

LE PARESSEUX.

Le paresseux se trouve dans les déserts brûlans de l'Afrique, et dans l'île de Ceylan. Sa structure nous le montre comme l'être le plus disgracié de la nature; un air triste et un cri plaintif annonceraient assez qu'il est toujours souffrant; ses pattes de devant sont plus grandes que celles de derrière, ses ongles sont longs; il lui faut plus d'un jour pour faire cinquante pas; s'il grimpe sur un arbre, il n'en sort pas qu'il ne l'ait dépouillé de toutes ses feuilles; il demeure long-temps avant de se décider à en descendre; quand la faim le presse trop, au lieu de descendre comme il est monté, il se laisse choir comme un paquet, et sans paraître s'apercevoir de sa chute. Il se met en marche d'un pas si lent, qu'il lui faut plus de quinze jours pour arriver ou monter à un arbre, et par suite prendre de nourriture. Une fois juché, il y est pour trois mois. L'on doit penser quel temps il doit y demeurer, car il ne monte d'une branche à l'autre que quand il est pressé par la faim. Il ne craint, ou plutôt il n'aperçoit aucun danger; les coups les plus violens ne le feraient pas marcher plus vite; il paraît même insensible aux coups; il se laisserait tuer sans faire aucun mouvement pour se défendre. On peut donc le percer, le déchirer sans lui voir faire aucun mouvement, soit pour s'échapper, soit pour se défendre, sans voir rien en lui qui annonce la colère. Ses jambes sont si mal faites, si mal placées, qu'il ne peut courir. Ses ongles sont très-forts; quand il tient quelque chose, on ne peut lui faire lâcher prise : ils sont très-tranchans; s'il voulait s'en servir, il ferait beaucoup de mal.

Sa chair est très-bonne à manger; sa grosseur est celle d'un renard; sa figure est très-triste : elle a quelque ressemblance à celle d'un singe malade. La femelle met bas aux pieds d'un arbre, dans un petit trou, tous les ans, trois ou quatre petits. La durée de la vie de ce malheureux quadrupède est de quinze à vingt ans.

Le paresseux se trouve aussi dans le Brésil, ou dans l'Amérique méridionale.

LA PANTHÈRE.

La panthère est un quadrupède carnassier et féroce. Elle se trouve dans les climats brûlans de l'Afrique et de l'Asie ; elle est aussi grosse que le plus fort dogue, quoique moins élevée sur pattes : sa gueule est extraordinairement grande, sa mâchoire forte est garnie de dents grosses et pointues, son cri est plus affreux que le mugissement du lion, son regard est cruel, ses mouvemens sont brusques et agiles. Malgré la pesanteur de son corps, elle monte avec légèreté sur les arbres : nul animal ne peut échapper à ses poursuites. Elle habite les plus épaisses forêts ; elle n'en sort que pour rôder autour des habitations et se saisir du bétail, des enfans, des femmes, des hommes même. Elle se cache aussi près des fleuves pour attendre et attaquer les animaux qui vont s'y désaltérer. Les Indiens, les voyageurs mangent sa chair. Sa peau, de couleur fauve parsemée de grandes taches noires, est très-estimée ; sa queue est annelée de noir et de blanc. La chasse de cet animal est très-dangereuse. On ne la poursuit point, on l'attend dans des lieux où l'on a mis pour appât quelques morceaux de chair. Le chasseur, placé dans une cabane, tire sur l'animal, et tâche de le blesser mortellement : il ne sort de sa cabane que le lendemain, et encore avec les plus grandes précautions; car si la panthère respire encore, rien ne pourrait le soustraire à sa férocité. Le chasseur sort donc avec précaution, accompagné d'un chien dressé à cette chasse : ce chien suit la piste de la panthère; si elle respire encore, le chien éprouve une certaine émotion qui le force à hurler douloureusement, et avertit par-là le chasseur qu'il a tout à appréhender, que l'animal respire encore. Quand la panthère blessée poursuit le chasseur, on peut encore se sauver en lui jetant ses habits : pendant le temps qu'elle les déchire, on a le temps de se mettre en lieu de sûreté.

L'ICHNEUMON.

L'ichneumon. Ce nom vient d'un mot grec qui signifie *je suis à la piste*; ce petit quadrupède se nomme aussi rat d'Egypte, rat de Pharaon. Il est l'ennemi juré du crocodile ; il mange non-seulement ses œufs, mais encore il le suit par-tout, à ce que l'on prétend ; et quand le crocodile est endormi, il lui entre dans la gueule, passe par l'œsophage, arrive à l'estomac, le lui déchire, le tue, et ressort par la même voie qu'il a prise pour y entrer. On le trouve sur-tout en Egypte, dans l'Inde, dans l'Asie et dans l'Afrique. La femelle met bas tous les ans quatre à cinq petits : il habite le plus ordinairement près des lacs et des fleuves, où il se nourrit facilement des lézards, des serpens, des grenouilles, des crapeaux, des oiseaux. On s'en sert dans diverses contrées pour prendre les rats et les souris. Il est de la grosseur d'un chat médiocre ; il a le museau pointu, les dents du rat ; il ressemble même à la marte pour la grosseur et la structure ; il est bigarré de jaune et de blanc.

LE PHOQUE.

Le phoque est un animal amphibie qui se trouve sur les côtes des mers du Nord et dans les lacs des contrées les plus froides de l'Europe, de l'Asie et de l'Amérique ; il est comme insensible au froid et au chaud. Cet animal a bien quatre membres, que l'on pourrait à la rigueur appeler pattes ; mais elles sont tellement construites qu'il ne peut se soutenir dessus pour marcher ; il ne peut s'en servir que pour grimper au haut des montagnes, des rochers, où il se rend pour dormir. On ne peut donc regarder le phoque que comme un reptile. Son poil est court et gris, orné de taches noires ovales ou rondes ; il a des moustaches de chat ; ses yeux sont beaux et très-gros : sa peau est d'un grand usage ; on en fait des habits, des bonnets, des culottes, des camisoles, des souliers, des bottes, des outres, des cordes ; cette peau sert enfin pour la couverture des malles, des canots, tant en dedans qu'en dehors.

Le phoque dort très-profondément; on peut le tuer sans qu'il entende marcher près de lui : cependant ils ont toujours une sentinelle qui les éveille par un cri affreux et sonore. S'ils sont alors sur les rochers, ils se glissent avec une rapidité extraordinaire; s'ils sont à terre ou sur la glace, ils rampent très-vite, on les attrape difficilement. Quand ils sont blessés, ils sont très-dangereux; ils font des morsures très-considérables; ils déchirent cruellement avec leurs griffes tranchantes. On en trouve de huit pieds de long, et depuis deux jusqu'à quatre de hauteur. Les sauvages mangent sa chair tant fraîche que fumée; elle est succulente et grasse. Son lard a deux doigts d'épais; on le mange aussi. Sa graisse sert comme l'huile pour la lampe; son sang est d'un excellent usage en médecine. La chair des jeunes phoques est très-bonne; leur huile est excellente à manger; celle des vieux a un goût de vieille huile d'olive. On tue le phoque en lui donnant un coup sur le nez; mais il faut se dépêcher à le saigner et à le dépecer, car il est très-vivace. On en a vu que l'on croyait mort, et quoique entièrement écorché, faire des sauts considérables et dévorer ceux qui étaient près d'eux. Ces amphibies sont très-multipliés; ils sont la principale nourriture des habitans du Nord. Ils sont très-faciles à apprivoiser; nous en avons vu plusieurs à Paris, entr'autre une femelle qui, étant pleine lorsqu'elle fut prise, fit son petit au moment que l'on s'y attendait le moins. Cette femelle obéissait au commandement de son maître, venait l'embrasser, plongeait, faisait la culbute, présentait ses pattes, sa queue, sans que l'on eût besoin de la maltraiter. Lui jetait-on un poisson, elle plongeait, le prenait, l'éventrait, et après lui avoir arraché les boyaux, elle le mangeait.

L'AIGLE.

L'aigle a le bec crochu et très-aigu, la tête grosse, le regard hardi; ses jambes sont courtes, ses pieds sont garnis de doigts, ses ongles sont aigus et très-recourbés : on donne le nom de serre aux doigts et ongles des oiseaux de proie. L'aigle est le plus grand de tous les oiseaux, il est le plus fort de tous. L'aigle a le corps de trois pieds de circonférence; ses ailes étendues ont de dix à douze pieds d'envergure. Cet oiseau est très-féroce et très-fort; sa nourriture ordinaire est le lièvre, le pigeon, le lapin, etc. Il est assez fort pour enlever dans les airs un mouton ou un jeune veau, et porter l'un ou l'autre dans les forêts les plus épaisses qui lui servent de repaire. Il attaque les bœufs, les chevaux, les cerfs, etc.; il leur crêve les yeux, les tue ensuite, et emporte des morceaux assez considérables de leurs cadavres. L'aigle tenant un lièvre dans ses serres, est assez fort pour lui enlever la tête avec son bec; il suce avec adresse le sang des animaux qu'il égorge. On prétend que jamais l'aigle n'a bu de l'eau. Les grands aigles multiplient peu; ils ne font que trois œufs par chaque année, les autres quatre ou cinq. L'aigle royal est le plus fort; il habite les montagnes froides; il fait son nid dans des lieux de difficile accès : malgré sa férocité, il est des gens assez hardis pour, au péril de leur vie, oser grimper à leur nid, afin de se saisir de leurs provisions.

L'AUTRUCHE.

L'autruche est le plus grand de tous les oiseaux; elle a jusqu'à sept ou huit pieds de hauteur; elle pèse de soixante à quatre-vingts livres; sa tête est fort petite d'après la force de son corps, elle est très-haute sur pattes, ses ailes sont très-courtes, elle vole très-mal, mais elle court très-bien ; on dit qu'elle se sert de ses ailes pour précipiter sa course : ses yeux sont grands et vifs, son bec est court. La chasse en est assez agréable, mais pénible, car il faut courir toute une journée et changer souvent de chevaux pour l'atteindre; on ne s'en rend maître que quand on l'a lassée : alors elle s'arrête; elle croit bien se cacher en s'accolant à un arbre; elle pense ne pas être vue, parce qu'elle n'aperçoit plus les chasseurs; elle montre le reste de son corps : on la tue alors aisément.

Son col est couvert de gros poil blanc, ainsi que presque tout son corps; les plumes de ses ailes et de sa queue sont très-belles. Ses plumes n'ont point de fermeté : on en orne les chapeaux. Elles sont d'un grand prix; elles ont une forme ondoyante. Ses jambes sont nues; elle n'a que deux doigts aux pieds. Quand elle est arrêtée, elle se défend; elle casse bras et jambes d'un coup de pied; elle jette par terre hommes et chevaux; avec ses ongles elle déchire très-profondément; elle tue les chiens, elle les écrase : son cuir est très-fort et très-épais.

Sa chair est excellente; ses œufs pèsent jusqu'à sept livres, ils sont de la grosseur d'un enfant; elle en pond jusqu'à quarante par an. Elle vit d'herbe, de noix, de graines; elle avale les pierres, le fer, le bois, etc. etc. On prétend que le fer et l'acier ayant resté quelque temps dans son corps, paraissent avoir été rongés, non par le frottement de ces métaux ensemble ou avec toute autre chose, mais par l'acidité de son suc gastrique.

On se sert de l'autruche pour la charge, pour traîner des voitures, ce qui abrège sa vie de la moitié : elle fait faire à une voiture six grandes lieues dans une heure. On prétend que si l'on n'était pas accoutumé à cette grande vitesse, on perdrait l'ouïe, la vue et même la respiration.

L'autruche, pour ne pas trop s'éloigner de ses œufs quand elle est poursuivie, ne fuit point droit devant elle ; elle tourne autour à une assez grande distance. On se met au milieu du cercle qu'elle parcourt ; au bout de deux ou trois jours, l'autruche, lasse, pressée de faim et de fatigue, se livre d'elle-même : on s'en empare alors aisément.

L'OUTARDE.

L'outarde est presque aussi grosse que l'autruche : elle vole difficilement, ses ailes sont très-courtes ; elle s'en sert pour courir ; l'outarde fait plusieurs lieues de suite sans s'arrêter quand elle est poursuivie. On en trouve beaucoup en Pologne et en Russie ; on n'en voit en France que dans l'hiver. Son corps est orné de bandes noires, la tête et le cou sont d'un gris cendré. Sa chair est excellente ; on prétend qu'elle a le goût de toutes les espèces de gibier ; que même la chair d'une partie de son corps a le goût de celle du bœuf, c'est-à-dire que la chair de chaque partie de son corps a un goût différent. Le mâle a sous la gorge une barbe remarquable. L'outarde a dans la gorge un sac ou ouverture qui contient une pinte d'eau. Elle émigre aux approches de l'hiver ; elle vient du nord au midi, et retourne aux approches du printemps : son vol est très-lourd. Nous avons des outardes qui pèsent dix-huit livres, même autant qu'un coq d'Inde. La femelle la plus grosse ne pèse pas dix livres ; elle pond deux œufs qu'elle couve trente à trente-deux jours : elle se creuse un trou dans la terre. Quand elle est poursuivie, elle prend ses œufs sous ses ailes, et se sauve d'une course rapide. L'outarde ne peut se tenir facilement sur les petites branches, parce qu'elle n'a que trois doigts, tous placés en avant, et point d'ergots en arrière. Quand elles paissent en société, deux ou trois sont en sentinelles ; voient-elles l'ennemi, elles poussent un grand cri, et toutes s'envolent.

L'OIE.

L'oie est un oiseau très-commun : sa chair est bonne, mais lourde ; ses pattes sont larges, palmées et flexibles : aussi nage-t-elle très-bien. L'oie a le col long, sec ; son plumage est de différentes couleurs : on en trouve d'entièrement blanches. Ses excrémens détruisent l'herbe des prés, la brûlent ; on ne les laisse entrer que dans de mauvais paccages. Les plumes de ses ailes servent pour écrire, les autres sont employées aux oreillers, aux coussins, aux couettes, dans les fabriques de manchon, etc., etc. L'oie fournit beaucoup de graisse, qui est excellente; les œufs sont très-bons ; elle en pond dix à douze trois fois par an. On parvient à faire prendre au foie de l'oie un volume très-considérable, en la tenant renfermée dans une cave : en lui crêvant, dit-on, les yeux, et en lui faisant avaler des pâtes très-nourrissantes.

L'oie sauvage est plus petite, mais elle est d'un meilleur goût que l'oie privée. Elle vole très-bien. Quand elles sont dans les airs plusieurs ensemble à une hauteur très-considérable, elles forment entre elles un angle dont la pointe marche en avant. Il est très-difficile de les tuer, car elles volent trop haut, ensuite elles sont très-méfiantes. Avant de se poser à terre ou sur les arbres, elles examinent bien s'il y a quelque chose à craindre; on ne peut les tirer qu'en embuscade, et quand elles sont sur le point de se poser. Il faut avoir un fusil chargé à chevrotine, les tirer en arrière, jamais en devant, parce que la balle glisserait et ne les atteindrait pas. Les oies mènent paître leurs petits, elles les conduisent à l'eau, les défendent de leur mieux. Quand elles sont en colère, elles tendent leur grand col; on entend une espèce de sifflement qui a du rapport à celui du serpent. Elles serrent très-fort avec leur bec.

LE GEAI.

Le geai est aussi gros qu'un fort pigeon; son plumage, mêlé de vert, de blanc, de bleu, de gris et de noir, est très-beau; son cri est désagréable; il est aussi voleur que la pie. On lui apprend à parler; il contrefait assez bien dans les bois les animaux qu'il entend: il vit de noix, de glands, de toutes sortes de petits oiseaux. Il cherche des arbres creux ou des broussailles bien touffues pour y déposer ses provisions. Avec ses plumes on fait de très-beaux manchons. La femelle fait son nid au haut des arbres ou dans des trous d'arbre. Quelques paysans prétendent que si on grilloit en fer l'entrée du nid du geai qui seroit placé dans un arbre, l'oiseau a l'instinct de trouver une herbe propre à couper ou rompre ce grillage; et que si on avoit le soin de mettre un linge sous l'arbre, on trouverait sur ce linge l'herbe qui a coupé le fer. Mais ce sont des fables anciennes. On en dit autant du pivert.

LE CYGNE.

Le cygne est un oiseau beaucoup plus gros que l'oie; les plumes de son corps sont d'une blancheur éclatante; son bec est noir depuis le milieu en remontant vers sa tête, l'extrémité est d'un jaune rouge; il sert d'ornement dans tous nos bassins, nos canaux; il a le col très-long. Quand il est poursuivi, il a un sifflement qui a du rapport à celui du serpent; et l'on prétend qu'il emporte alors ses petits sur son dos. La chair de ces oiseaux n'est pas bonne; leurs œufs n'ont pas un très-bon goût. Leurs plumes et leur duvet surpassent de beaucoup en qualité ceux de l'oie; ils se nourrissent de petits poissons et de vers aquatiques. Les cygnes ont cinq à six petits par chaque année. On prétend que le cygne, comme l'oie, a ses plumes imperméables, parce qu'elles sont recouvertes d'une espèce de vernis huileux. Le cygne a une voix désagréable.

LE PÉLICAN.

Le pélican est un oiseau blanc et aquatique, qui ne se trouve point dans l'Europe; ses quatre doigts sont palmés. L'on est parvenu à le dresser à la pêche; on prétend qu'il bat des ailes sur les eaux, que par ce moyen il rassemble le poisson dans un coin, qu'il plonge ensuite, en remplit son large bec, et va porter son ample provision au pêcheur à qui il appartient, ou à ses petits (quand il n'est point en domesticité). Cet oiseau est celui de tous qui a les plus grandes ailes; il vole aussi le plus haut de tous; il s'élève dans les airs à une telle hauteur que l'on ne l'aperçoit que de la grosseur d'une hirondelle. On dit qu'il vit jusqu'à quatre-vingt-dix ans. Il peut porter dans les airs le double de son poids, sans que cela l'empêche de s'élever. Il ne nourrit point ses petits de son sang, comme on l'a prétendu; c'est une fable inventée à plaisir, comme celle qui veut que le cygne fasse entendre une voix mélodieuse lorsqu'il est près de mourir; car ce dernier ne chante pas mieux que l'oie. Le pélican nourrit ses petits en les laissant introduire leur bec dans le sien pour y prendre les provisions qu'il leur apporte. C'est pourquoi on a prétendu qu'il les nourrissait de son sang.

LE PHÉNIX.

Le phénix est un oiseau imaginaire : les anciens le peignaient comme le plus beau de tous les oiseaux ; ils lui donnaient la grandeur de l'aigle, et le disaient immortel ; ils décrivaient les plumes du cou de cet oiseau comme étant dorées : toutes les autres passaient pour être d'une belle couleur incarnat ; sa tête, à les en croire, était panachée de plumes longues de diverses couleurs ; enfin, il passait pour vivre plus d'un siècle. Il construisoit, ajoute-t-on, un bûcher de bois inflammable et aromatique, et, en battant des ailes, la chaleur du soleil allumait le bûcher et le consumait ; il renaissait ensuite de ses cendres. Cet oiseau passait pour être le seul de son espèce ; il était dit immortel, parce qu'il n'avait pas voulu manger du fruit défendu, comme tous les animaux à qui Eve en présenta. Le phénix n'est donc qu'une belle chimère : de là est venu le proverbe, en parlant d'une chose rare ou d'une personne à talent : *C'est un Phénix*, pour dire il est le seul.

LA CAILLE.

La caille est un oiseau de passage, qui ne reste en France que dans la belle saison; elle s'en va sur la fin de l'automne pour se rendre dans les pays chauds, et ne rentre que vers la fin du printemps. On en trouve dans tous les pays de l'Europe; sa chair est très-délicate; c'est un bon mets. La femelle pond tous les ans dans les blés huit à dix œufs. Le roi des cailles est presque aussi gros que la perdrix; il est excellent. Les mâles sont très-courageux; ils combattent entre eux comme les coqs. La caille étant d'une complexion très-chaude, devient une nourriture très-dangereuse, et cause même l'épilepsie dans les pays qui produisent de l'ellébore, parce qu'elle aime beaucoup cette plante, et qu'elle s'en nourrit alors de préférence à toutes les autres herbes.

LA GRENOUILLE.

La grenouille ne ressemble au crapeau que par sa structure ; mais elle n'a point, comme ce dernier, des verrues. Elle n'est point malsaine comme le crapeau ; ses cuisses sont très-bonnes à manger accommodées de diverses manières. A Riom, les traiteurs y sont renommés pour l'apprêt de cette sorte d'amphibie. On compte trois espèces de grenouilles : les unes aquatiques, d'autres de terre, les troisièmes d'arbre. Les grenouilles terrestres ou d'arbre ne se mangent pas ; celles d'eau sont très-bonnes : elles vivent toutes de petits insectes. Les grenouilles coassent quand il veut pleuvoir. Toutes restent dans les eaux l'hiver ; elles sont la proie des poissons, des serpens : aussi à la sortie de l'hiver y en a-t-il fort peu. Cet animal est très-vivace ; quoique coupé en deux morceaux séparés et par le milieu du corps, on voit encore les mouvemens de la tête et des yeux pendant plus de trois heures ; elle se tient encore sur ses pattes de devant. Avec la pile galvaniqué, ou par le contact de deux métaux, on donne aux cuisses le même mouvement pour sauter que si l'animal était dans son entier et plein de vie.

Avec une poignée de paille allumée, ou avec une mèche goudronnée et allumée, on en prend à deux mains des pleins sacs sur le bord des étangs pendant la nuit. Cette pêche est néanmoins dangereuse, car on peut prendre des crapeaux et des serpens.

ORANGER.

On prétend que le pays naturel de l'oranger est la Chine; que c'est de là qu'il a été apporté en France d'abord, ensuite en Portugal, et dans les provinces les plus chaudes de chaque royaume; enfin dans tous les jardins de l'Europe. L'orange, fruit de l'oranger, est très-bonne, très-rafraîchissante. Les plus belles et les meilleures sont celles des Indes; elles se nomment *pompelmont;* elles ont le goût plus exquis que nos meilleurs raisins chasselas. Ces oranges ont jusqu'à deux pieds de circonférence, ou un peu plus de huit pouces de diamètre. Après les oranges des Indes viennent celles de la Chine; mais les Indes et la Chine étant trop éloignées, nous ne voyons aucune orange de ces deux pays. Les meilleures de l'Europe sont celles du Portugal; elles y sont très-abondantes: nous en voyons beaucoup en France. Celles d'Avignon, de Marseille sont assez bonnes; mais on ne peut les comparer à celles des Indes, de la Chine et du Portugal. Dans tous les autres départemens de la France l'orange ne peut mûrir. On renferme l'oranger pendant l'hiver dans des serres chaudes; il ne reste en plein air que dans la belle saison.

De la fleur d'orange on fait une eau excellente, connue sous le nom d'eau de fleur d'orange. Cette eau est très-bonne pour rafraîchir, pour chasser les vents de l'estomac, pour lui donner du ton: on s'en sert dans différentes pâtisseries, dans les fabriques de bonbons; les confiseurs en font un grand usage dans les confitures. Le parfumeur se sert de l'eau de fleur d'orange pour donner l'odeur à ses pommades. L'écorce d'orange se confit avec le sucre; on se sert encore de l'écorce pour en faire une boisson rafraîchissante.

LE COING.

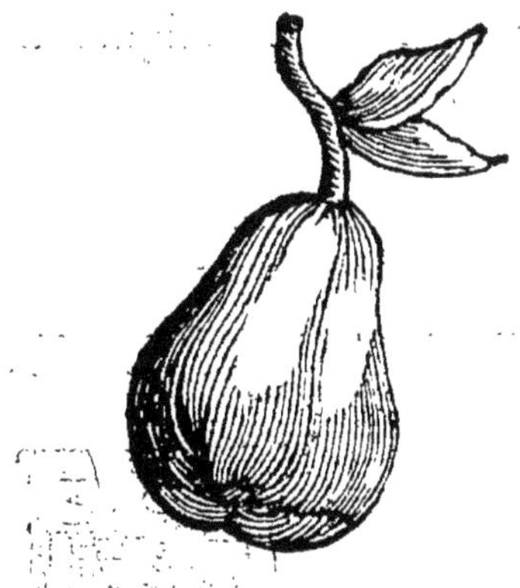

Le coing est le fruit d'un arbre que l'on nomme coignassier : cet arbre est peu gros, et ne s'élève guère. Le coignassier se multiplie facilement par ses branches, comme la vigne; toutes les branches d'arbres greffées sur coignassier produisent des fruits excellens et beaucoup plus gros que si les branches qui les produisent étaient greffées sur d'autres arbres. Ce petit arbre donne une sève abondante et très-gluante. Le fruit du coignassier est très-gros, il est fait en forme de poire; il a la couleur jaune paille foncée. Ce fruit est couvert d'un duvet qu'il faut enlever avant de l'utiliser. Le coing n'est mûr qu'à l'entrée de l'hiver; il est excellent cuit. On en fait du vin, du cotignac, d'excellentes confitures, et sur-tout la meilleure de toutes les liqueurs, connue sous le nom d'eau de coing; cette liqueur est stomachique et très-salutaire à l'homme. Elle se fait de la manière suivante : On fait un mélange d'une pinte d'eau-de-vie de Cognac avec une pinte de liqueur pure de coing; on y ajoute une livre de sucre : plus cette liqueur est vieille, meilleure elle est. La graine du coing s'emploie en médecine; c'est un bon diurétique. Cette graine est très-mucilagineuse.

LE FAUTEUIL.

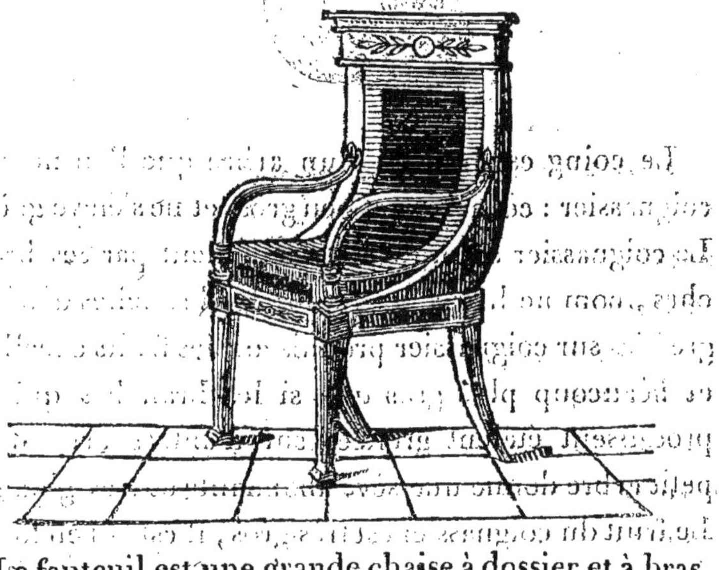

Le fauteuil est une grande chaise à dossier et à bras. Il est d'une grande utilité pour les malades; ils y sont presque aussi bien placés que dans un lit; ils ont l'agrément d'avoir la moitié du corps droit, et de pouvoir être plus près des personnes qui viennent les visiter. Le fauteuil est encore un meuble de luxe : le riche banquier y est assis dans son comptoir; l'avocat y siége en donnant ses consultations; le président des tribunaux, des cours y siégent, et dictent de dessus leurs sentences. C'est un joli meuble qui, suivant sa beauté, son élégance, sa structure, la richesse de ses ornemens, embellit nos plus riches salons; enfin il se fait des fauteuils auxquels on donne le nom de trône.

LA MAIN.

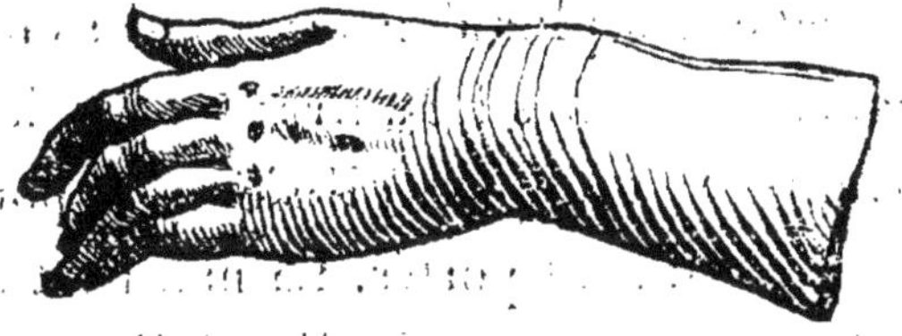

La main est cette partie du corps qui se trouve à l'extrémité du bras. Elle est de la plus grande utilité à l'homme; il s'en sert pour préparer sa nourriture et la porter à la bouche. La main sert à tous les objets d'arts et de métiers; sans elle nous serions plus à plaindre que les animaux les plus faibles, les plus disgraciés de la nature; sans la main nous serions condamnés à vivre de la chair des petits animaux plus faibles que nous; nous disputerions aux corbeaux les proies les plus infectes, ou nous serions forcés de paître comme le mouton; et, sans aucune défense, nous deviendrions la proie de tout animal qui viendrait nous attaquer. L'homme s'en sert avec adresse pour prendre, pour emporter ou pour transporter un objet quelconque d'un lieu à un autre, pour se charger ou charger les animaux et les voitures des choses qu'il veut changer de place ou conduire à une distance déterminée.

L'homme se sert de la main pour se défendre, soit par la force des muscles qui la composent et en font mouvoir les parties dans divers sens, soit par la flexibilité de ces mêmes muscles pour repousser ou contenir les objets qui lui sont nuisibles ; il s'en sert en se saisissant des armes offensives ou défensives contre tous ses ennemis, et pour subjuguer les animaux les plus féroces et les plus dangereux ; il s'en sert pour mettre en sûreté toutes les autres parties de son corps qui peuvent être attaquées ; il s'en sert pour réparer les coups qui lui sont portés. La main est donc pour le reste du corps une sentinelle vigilante ; c'est son avant-poste, c'est sa forteresse, c'est son seul soutien. Dans une chute, elle retient le corps, elle l'empêche de heurter avec violence, même aux dépens souvent de sa propre sûreté ; elle sert encore dans les maladies : c'est avec elle que nous cueillons les plantes salutaires, que nous préparons les médicamens, que nous pansons les plaies, que nous faisons des opérations qui nous soulagent, qui nous font éviter une agonie longue et cruelle, et nous amènent souvent des portes du trépas à une santé parfaite.

Le toucher l'emporte pour l'utilité sur tous les autres sens ; c'est lui qui dirige pour ainsi dire toutes les autres sensations, ou plutôt c'est le toucher qui les rectifie. Toutes les parties de notre corps possèdent le sens du toucher; mais la main l'emporte sur elles, car c'est dans elle que la nature a déployé toutes les facultés du toucher le plus fin, le plus délicat. Sur toutes les parties de notre corps nous sentons bien quand un objet quelconque le heurte ou le touche, ou se fait supporter. Nous sentons bien sur nos épaules un fardeau léger ou pesant; mais nous ne pouvons définir sans la main quelle est la forme des objets, parce que toutes les autres parties de notre corps ne se subdivisent point; elles ne reçoivent le contact que plénimétriquement, ou dans un seul sens de la construction du corps touché. La main, au contraire, distingue par ses doigts toutes les formes des objets : avec deux doigts on connaît l'épaisseur, avec trois on connaît le triangle, avec quatre le carré, avec cinq le pentagone; de sorte que plus nous aurions de doigts, plus le toucher serait parfait. Avec un doigt nous connaissons partiellement quelle est la consistance d'un objet quelconque, quelle est sa dureté, quelle est sa densité; avec deux ou plusieurs doigts nous connaissons immédiatement les parties fortes ou faibles de l'objet mis en contact.

L'aveugle a le sens du toucher plus délicat même que le clairvoyant; nous le voyons jouer aux cartes avec célérité et adresse, les compter, les nommer une à une, les assembler, enfin jouer au piquet aussi bien que celui qui a bonne vue. Un aveugle, au moyen du toucher, démonte et remonte une pièce mécanique très facilement; il grave par ses doigts dans sa mémoire, 1°. la construction de l'objet dans son entier en le saisissant et le touchant dans tous les sens; 2°. les divisions ou parties composées de cet objet quand il le décompose; enfin les parties une à une dont chaque division sont formées; il met de l'ordre dans la décomposition du tout en division, ou dans la décomposition de chaque division en parties simples. Il recompose ensuite facilement chaque division, et réunit ensuite aussi très-facilement les divisions composées pour former le tout. (C'est ce que je fais pratiquer á mes élèves pour apprendre à lire.) De sorte qu'un aveugle, au moyen de la main, peut démonter une pendule, la dégraisser, dire ce qui y manque, ce qui y est dérangé, et la remonter avec presque autant de facilité qu'un clairvoyant. Par le sens délicat du contáct, l'aveugle apprend divers états manuels; à l'aide de ce sens exquis, fin et délicat, on a su lui enseigner la musique, la lecture et l'écriture.

L'INDIEN.

L'Indien habite diverses contrées de l'Amérique méridionale. On représente les naturels du Pérou avec une seule ceinture qui leur cache le milieu du corps et vient retomber à la moitié des cuisses, le reste du corps est nu ; ils paraissent armés d'un arc, et portent derrière eux un carquois garni de flèches, dont l'ouverture est tourné, du côté gauche, et presque placée sur le côté ; ce carquois est suspendu à des courrois qui tiennent aux épaules comme un ceinturon de sabre. Ils portent sur la tête des plumes de diverses couleurs ; ces plumes sont entrelacées les unes avec les autres, de manière à représenter la forme d'un casque sens dessus. Les Indiens passaient pour rendre un culte au soleil.

Ceux qui habitent sur les bords de la rivière des Amazones et de la Guyane ont le teint basané et rougeâtre. On dit qu'ils ont le col enfoncé dans les épaules, et tellement roide qu'ils ne peuvent lui faire faire aucun mouvement, et que, pour voir de côté, il faut qu'ils fassent un mouvement de la totalité du corps. On croit avec raison que cette monstrueuse construction n'est point naturelle, qu'ils ont la barbarie de donner en naissant à leurs enfans cette forme, quoiqu'elle soit la plus hideuse de toutes. Ils ont encore la singulière habitude d'aplatir le visage de leurs enfans entre deux planches, de sorte que ces hommes sont véritablement des monstres par la construction de leur figure et de leur col. On croit que l'Amérique est un nouveau monde, qu'elle est un délaissé récent de la mer. Les premières relations la représentent, quand on en fit la découverte, comme une terre garnie de forêts, d'arbres de toute hauteur, entrelacés et tenant les uns aux autres par de petits arbrisseaux; elles ajoutent qu'on n'y rencontra que des animaux féroces, et quelques sauvages ressemblant absolument par leurs habitudes aux animaux carnassiers qui les entouraient; que ces sauvages étaient couverts de peaux d'animaux de toutes espèces; que ces peaux n'avaient aucune préparation; que la terre n'avait aucune ressemblance aux terres connues et cultivées. Le Pérou et le Mexique sont considérés comme les contrées les plus anciennement peuplées de l'Amérique. Le nord de cette partie du monde est, dit-on, habité par des hommes entièrement sauvages, sans foi ni loi, sans mœurs, sans aucune instruction; ils ne connaissent d'autre loi que celle du plus fort; ils ont la taille petite: particulièrement ceux du Trabador ont le visage couvert de poil; quelques-uns d'entre eux, pour se défendre des insectes, se teignent le corps avec du rocour. Tous ces sauvages ont, dit-on, des coutumes horribles : les uns mangent leurs ennemis, et leur font souffrir des tourmens inconcevables; car ils ne les tuent point pour les dévorer, mais, au contraire, ils leur mangent vivant les membres les uns après les autres, et les gardent ainsi souffrant pendant plusieurs jours. Chez quelques-uns de ces barbares les pères mangent leurs enfans; chez les autres, au contraire, les enfans tuent leurs pères et mères quand ils commencent à devenir vieux. Tout ce qu'on a raconté de ces antropophages fait frémir d'horreur, et prouve clairement que les hommes qui sont sans religion, sans mœurs, sans lois, sont plus cruels les uns envers les autres que les lions et les tigres; qu'à mesure qu'un pays se civilise, que des lois sages et répressives s'y établissent; qu'à mesure que l'instruction prend de l'accroissement, et que l'on pratique avec exactitude les devoirs que l'on doit rendre à celui qui est le maître de tout; à mesure, dis-je, que l'homme devient meilleur, de cruel, de barbare, d'irréligieux qu'il était, il devient doux, affable, prévenant envers son semblable, rigide observateur des lois et de la religion.

LE NÈGRE.

Les hommes qui habitent la côte d'Afrique depuis le détroit de Gibraltar jusqu'au cap de Bonne-Espérance sont presque tous noirs; nous les nommons nègres. Quoique leurs enfans naissent blancs, ils acquièrent en peu de jours une couleur d'un noir pâle, et à mesure qu'ils prennent de l'âge, leur couleur se fonce, ils prennent la couleur noire, mais sale; enfin, après un certain temps, ils deviennent d'un beau noir vif et luisant. Les espèces de noirs sont très-variées, soit par la conformation, soit par la couleur, soit par leurs habitudes de vivre. La Guinée, habitée par des nègres, est mal peuplée : ils n'ont que des cabanes pour habitation; elles sont très-mal construites : la toiture de ces cahutes est composée de feuilles de palmier; ils n'ont jamais eu l'industrie de se faire des maisons agréables et commodes, quoiqu'ils aient tout en abondance pour bâtir aussi bien et aussi solide que dans nos pays d'Europe les mieux partagés de la nature. Pour tout ustensile de ménage, ils n'ont que quelques vases de terre et quelques paniers; leur nourriture se compose de riz, de maïs, de patates, de fruits sauvages, du vin de palmier, de gibier et de poisson, qu'ils accommodent sans goût ni art, ou plutôt qu'ils mangent tels que la nature les produit. Les esclaves et les femmes travaillent seuls à la culture des terres: pour les hommes, ils se reposent honteusement sous d'épais feuillages, où ils fument, boivent, chantent et dansent. Le sort des femmes est affreux; les maris ne leur accordent qu'un jour de repos après en avoir péniblement travaillé trois: elles servent leurs maris à table; elles ne paraissent devant eux que dans une posture humiliante; elles ne vivent que de ce que le mari n'a pas pu ou n'a pas voulu manger. Les pères nègres vendent leurs enfans.

Les peuples que l'on nomme Jalofes habitent les bords du Sénégal. Ces peuples sont très-noirs, très-robustes: ils sont excellens écuyers; ils domptent très-bien les chevaux, et font la guerre aux bêtes féroces.

On prétend que les noirs de la Cafrerie ne sont point nègres, que leur peau n'est que basanée, et qu'ils ne paraissent noirs que parce qu'ils se noircissent la peau avec de la graisse et de la suie. Les Cafres et les Hottentots sont de la plus affreuse malpropreté; ils sont errans, indépendans, sans industrie, paresseux, et très-jaloux de leur liberté; tandis que les nègres sont sédentaires, aiment la propreté, sont assez industrieux et laborieux.

Les Cafres et les Hottentots ne vivent pas très-vieux, ce qu'ils doivent à leur malpropreté, aux viandes infectes et corrompues dont ils font leur principale nourriture : ils ne vivent guère passé quarante ans.

Les peuples qui habitent les déserts de l'Ethiopie sont nommés acridophages (mangeurs de sauterelles). Ils sont maigres, noirs et petits ; ils sont très-légers à la course. La mauvaise et unique nourriture qu'ils prennent produit chez eux un effet singulier : quand ces nègres approchent de quarante ans, leur chair engendre des insectes ailés en si grande quantité, qu'ils ne peuvent s'en débarrasser ; enfin en très-peu de temps tout leur corps en est couvert. Ces insectes leur dévorent d'abord le ventre, ensuite la poitrine ; enfin ils les rongent jusqu'aux os : ainsi ces malheureux, qui n'ont vécu que d'insectes, sont ensuite mangés par eux, et périssent misérablement dans des souffrances inouïes.

Enfin, les habitans de la Nouvelle-Hollande sont ceux qui s'éloignent le plus de l'espèce humaine, à cause de leur peu d'industrie, de leur nonchalance et de leur paresse ; leurs membres sont longs et effilés ; leur taille est haute, mais ils n'ont point de corpulance ; ils ont le front rond, la tête forte, et leurs paupières presque fermées ; leurs sourcils sont très-fournis : ils s'arrachent les deux dents de devant. Ils ont beaucoup de rapports par leur couleur aux nègres de Guinée; mais leur habitude et leur manière de vivre est bien différente. Ceux-ci sont nus de la tête aux pieds; leur ceinture n'est autre chose que de l'écorce d'arbre; ils sont si peu industrieux, ou sont tellement fainéans, que, bien loin de se construire une cahute, ils couchent à l'air sans penser même à chercher un abri; ils ont moins d'instinct à cet égard que nombre d'animaux très-connus, qui savent se mettre à couvert de toutes les intempéries de l'air et des saisons. Ils ne mangent ni bestiaux, ni légumes, ni grains, ni pain; ils ne vivent que d'un petit poisson qu'ils ne prennent qu'avec des difficultés inconcevables : ils sont obligés de faire des espèces d'étangs ou de réservoirs dans des petits bras de mer peu profonds.

Il y a beaucoup d'autres espèces de nègres plus ou moins civilisés; il serait trop long d'en retracer l'histoire. Nous dirons que généralement les nègres, qui ont tout en abondance, sont très-paresseux; qu'ils ne cherchent point à étendre leur connaissance; qu'ils paraissent se plaire dans une honteuse ignorance; qu'ils vivent de tout ce qui se présente sous la main; qu'ils prennent leurs repas sans heure fixe, sans aucun apprêt, sans feu; qu'ils mangent enfin la chair et les fruits crus; que d'autres qui se trouvent dans des pays où rien ne vient sans culture, ne cherchent point pour cela les moyens de se procurer par le travail et l'industrie une nourriture abondante et saine. Ils ne cherchent point à communiquer avec d'autres hommes pour s'instruire; ils vivent comme les animaux qui ont le moins d'instinct. Cependant nous finirons cet article en disant qu'aujourd'hui beaucoup de peuples noirs sont civilisés ; qu'ils ont des lois, des coutumes, des mœurs ; qu'ils ont un gouvernement, des armées ; qu'enfin ils cultivent les arts, les sciences, et suivent une religion quelconque.

FIN DE LA SECONDE ET DERNIÈRE PARTIE.

TABLE

Des figures en tête de l'Histoire, par ordre alphabétique.

DEUXIÈME PARTIE.

FIN DE LA TABLE.

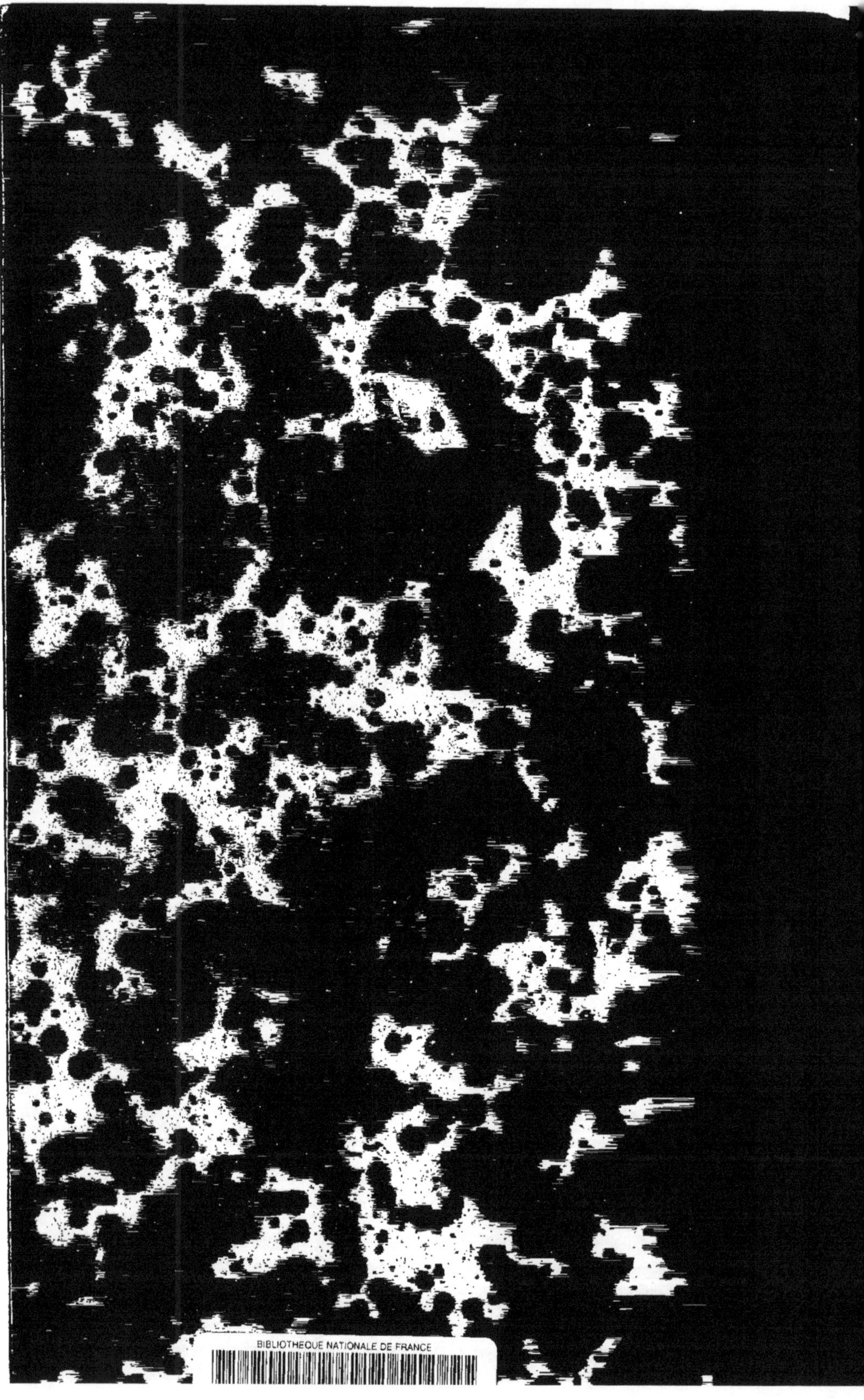

www.ingramcontent.com/pod-product-compliance
Ingram Content Group UK Ltd.
Pitfield, Milton Keynes, MK11 3LW, UK
UKHW020204250726
13967UKWH00003B/1264